INTRODUCTION

This is a collection of short stories written in easy Italian, with some slang and some light cursing to reflect the real way Italians speak (Italians curse much more than Americans).

New editions for Italian native speakers who want to improve their English fluency or English natives who want to improve their French or Spanish fluency are ongoing and will be on sale on Amazon during the first months of 2019, for the same price as this book.

The best way to use this book is to read the English versions so you get familiar with the story. Then compare the paragraphs of the English version with the correspondent paragraphs in Italian. Ultimately, just listen to the audiobook (for sale for a few dollars) while reading the written Italian version at the same time. When you feel confident enough just listen to the audiobook and check if you understand.

By repeating this process with all the stories in this book, your fluency will improve exponentially!

Being the *Passato Remoto Tense* difficult (but necessary), it is showed the correspondent *Passato Prossimo Tense* into parenthesis.

DISCLAIMER

Some of the stories of this book are true stories: "Carlos" was a real person who has really done everything has been narrated in the story. This was a very funny story that my ex-husband has told me; this story was so hilarious and incredible that I never forgot this Cuban guy and I wanted to write about him. Also, the short story "Luke" talks about my ex-husband and I have to acknowledge him and give him credits for the story "Carlos". Anyway, "Luke" isn't his real name and I have changed it to protect his privacy.

Also, the short stories "Babbo Natale" and "Presenza di Dio" are true stories as well that really happened to me when I was very young and living in Italy.

All the other stories of this book are fictional and are merely a creation of my imagination. All people described in these stories are fictional characters and any reference to real facts or real persons is purely coincidental.

I dedicate this book to my parents: Giuseppe and Lucia.

CARLOS

Carlos é un vecchio amico del mio ex-marito. Quando il mio ex-marito era ancora uno studente lavorava come **barista** e Carlos era il **tuttofare** del bar. Carlos é un **senzatetto**. Carlos ama essere sempre pulito e ben vestito. Quando ha abbastanza soldi va alla **lavanderia a gettoni** a lavare i vestiti che indossa. Peró a volte ha dei problemi perché non tutti sono contenti di vederlo **in mutande** mentre aspetta che i suoi vestiti siano pronti. 1

Tutti vogliono bene a Carlos perché é un **buon diavolo**, anche se é **un po' matto**.2

Un giorno due amici di Luke, il mio ex marito, decisero (hanno deciso) di portate Carlos a dormire a casa loro perché era inverno e per strada faceva molto freddo. La sera hanno chiesto a Carlos se voleva andare al cinema con loro ma Carlos era stanco ed ha preferito rimanere a casa. Ad un certo punto gli é venuta fame ed ha deciso di scaldare un panino nel forno. Carlos non ha mai visto un forno a microonde e quando ha messo il panino a scaldare nel microonde, ha pensato che fosse un comune forno elettrico.3

Quando i due amici sono tornati a casa mancava l'elettricitá da due ore, infatti tutto il condominio era andato in **corto circuito**. 4

Quando sono entrati in cucina l'hanno trovata mezza bruciata perché il forno a microonde era esploso. Carlos non aveva tolto la **carta stagnola** dal panino prima di metterlo nel forno e lo aveva anche fatto cuocere per venti minuti.5

Dopo questo disastro i due amici hanno deciso di mandare via Carlos.6

Allora una coppia ha deciso di ospitare Carlos per il resto dell'inverno. Erano vecchi clienti del bar e conoscevano Carlos. Quella notte Carlos si é messo a dormire sul loro divano ma era buio. Carlos era abituato a dormire sotto la luce dei **lampioni** e non gli piaceva il **buio**, allora ha deciso di accendere qualche candela profumata. Carlos si é addormentato alla luce della candela e si é svegliato all'alba.7

Al mattino il tavolo di mogano era completamente ricoperto di cera sciolta e Carlos era molto dispiaciuto perció ha deciso di riparare al danno fatto. Ha preso un coltello dal cassetto della cucina ed ha cominciato a grattare via la cera dal tavolo di legno con il coltello. Alla fine il tavolo era rovinato, pieno di graffi e tagli, ma almeno non c'era piú la cera delle candele.8

Il giorno successivo, vedendo il loro bel tavolo rovinato, la coppia ha deciso di mandare via Carlos prima che facesse altri disastri.9

Luke viveva solo a quell'epoca ed ha deciso di ospitare Carlos a casa sua. Quindi ha tolto dalla casa le candele, **gli accendini**, **i fiammiferi**, i coltelli, il forno a microonde e li ha nascosti in garage, fuori dalla portata di Carlos. La prima sera hanno visto il film "Ben Hur" con Elizabeth Taylor. Carlos si é talmente divertito che ha voluto guardare "Ben Hur" ogni sera per un mese ed ogni volta che qualcuno lo salutava faceva il saluto degli antichi romani con il braccio alzato.10

Carlos non puó andare a mangiare al ristorante perché quando finisce di mangiare si alza e **sparecchia**. Il fatto é che sparecchia e pulisce non solamente il suo tavolo ma anche i posti della gente che sta mangiando agli altri tavoli. E a volte, la gente che si vede portare via il piatto mentre sta mangiando, si arrabbia.11

Questa storia é accaduta **negli anni novanta** ed a quell'epoca i pochi **cellulari** in circolazione erano molto grandi. Ad un certo punto qualcuno ha regalato il suo vecchio cellulare a Carlos. Carlos parlava al cellulare quando passegiava in Piedmont Park per far vedere che lui aveva un telefonino e impressionare gli altri senzatetto. Il cellulare per la veritá non era funzionante e Carlos **faceva solo finta** di parlare al telefono. 12

Un giorno il mio ex marito ha dovuto andare a prendere Carlos in prigione a Macon. Infatti Carlos aveva visto un camion per i traslochi vuoto e con delle coperte per terra. Allora é entrato nel camion, si é avvolto nelle coperte e si é messo a dormire. Nel frattempo qualcuno aveva chiuso lo sportello ed il camion era partito. Quando Carlos si é svegliato e ha visto la porta del camion chiusa si é messo a battere allo sportello e a urlare per farsi aprire. Allora qualcuno deve aver chiamato la polizia e dopo un paio di domande hanno arrestato Carlos per **violazione di domicilio**. Il camion era arrivato a Macon perció lo hanno messo in prigione a Macon. Per fortuna la **cauzione** non era troppo alta e Luke é riuscito a pagarla facendo una **colletta** con i suoi amici. 13

Carlos é originario di Cuba. Quando Carlos viveva a Cuba faceva **il vigile**. Qui in America, qualche volta viene arrestato perché si mette in mezzo alla strada a dirigere il traffico come faceva quando viveva a Cuba. Comunque, la maggior parte delle volte, Carlos scappa quando sente la sirena della macchina della polizia che arriva. Cosí quando i poliziotti arrivano trovano solamente un sacco di automobilisti arrabbiati e bloccati in mezzo **all'incrocio** che **suonano il clacson**. 14

VOCABULARY

Barista = Bartender
Tuttofare = Handyman, or someone who does a little bit of everything
Senzatetto = Homeless, this word is made up with "senza" without, and "tetto" roof. It literally means "without roof".
Lavanderia a gettoni = Laundromat. Literally "laundry with coins", "gettoni" means "coins".
Buon diavolo = Literally means "good devil" it is an Italian expression to refer to a "good guy".
Matto = Crazy. The feminine version would be "matta".
Corto circuito = Black out – literally "short circuit"
Carta stagnola = Aluminum foil – literally "tin paper"; "carta" means paper and "stagnola" is an adjective that means made of "stagno", that is the translation for the metal called "tin".
Lampioni = Street lamps
Buio = Darkness intended only as absence of light. This word cannot be used to translate different concept of darkness. For example, "lord of darkness" would not make sense as "signore del buio", since buio only means that the light is off; the correct translation would be "signore delle tenebre".
Accendino = Lighter
Fiammiferi = Matches – comes from the word "fiamma" that means "spark"
Sparecchia = This is a verb which the infinite form "sparecchiare" means "to clear the table". Instead the verb "apparecchiare" means "to set the table".
Vigile = Traffic cop. In Italy traffic cops are a special institution separated by the police.
Incrocio = Cross road
Suonare il clacson = Honk – literally means "play the honk".
Negli anni novanta = in the 90s. Literally "in the years 90s".
Cellulare/telefonino = Two different ways to call a cell phone.
Fare finta = To pretend. For example: "I pretend to be you" = "faccio finta di essere te".
Violazione di domicilio = The juridical Italian term for "trespassing".
Cauzione = Bail (to get out of prison). Instead, the word "deposit" in the sale of a house for example is called "caparra" and the "deposit" in case of rent is called "deposito".

Fare la colletta = This expression is used to indicate the action of collecting money from different people in order to use them to buy something or to do something.

CARLOS

Carlos is an old friend of my ex-husband. When my ex-husband was still a student he worked as a bartender and Carlos was the bar all-rounder. Carlos is a homeless person. Carlos loves being always clean and well dressed. When he has enough money, he goes to the laundromat to wash the clothes he is wearing. But sometimes he has problems because not everyone is happy to see him in his underwear while waiting for his clothes to be ready.[1]

Everyone loves Carlos because he's a good guy, even if he's a bit crazy.[2]

One day two friends of Luke, my ex-husband, decided to take Carlos to sleep at their place because it was winter, and it was very cold in the street. In the evening they asked Carlos if he wanted to go to the cinema with them, but Carlos was tired, and he preferred to stay home. At one point he became hungry and decided to heat a sandwich in the oven. Carlos never saw a microwave oven and when he put the sandwich to heat in the microwave, he thought it was a common electric oven.[3]

When the two friends returned home, the electricity had been missing for two hours, in fact the whole building blacked out.[4]

When they entered the kitchen, they found it half burnt because the microwave had exploded. Carlos had not removed the aluminum foil from the sandwich before putting it in the oven and had it cooked for twenty minutes.[5]

After this disaster the two friends decided to send Carlos away.[6]

Then a couple decided to host Carlos for the rest of the winter. They were old customers of the bar and knew Carlos. That night Carlos went to sleep on their couch, but it was dark. Carlos was used to sleep under the streetlights and he did not like the darkness, so he decided to light up some scented candles. Carlos fell asleep in the candlelight and woke up at sunrise.[7]

In the morning the mahogany table was completely covered with melted wax and Carlos was very sorry, so he decided to repair the damage done. He took a knife from the kitchen drawer and started scraping the wax off the wooden table with the knife. At the end the table was ruined, full of scratches and cuts, but at least there was no candle wax.[8]

The next day, seeing that their beautiful table was ruined, the couple decided to send Carlos away before he did other disasters.[9]

Luke was living alone at that time and decided to host Carlos. So, he removed the candles, the lighters, the matches, the knives, the microwaves oven and hid them in the garage, out of Carlos's reach. The first night they watched the movie "Ben Hur" with Elizabeth Taylor. Carlos was so amused that he wanted to watch "Ben Hur" every night for a month, and every time someone greeted him, he greeted them back with the ancient Romans salutation, with their arms raised.[10]

Carlos cannot go to eat at the restaurant because when he finishes eating, he gets up and clears the tables. The fact is that it clears and cleans not only his own table but also the tables of the other people. And sometimes, people who see their dishes to be taken away while they are eating, get angry.[11]

This story happened in the nineties and at that time the few cell phones in circulation were very large. At one point someone gave his old cell phone to Carlos. Carlos used to talk on his cell phone when he was walking in Piedmont

Park to show off that he had a cell phone and impress other homeless people. Actually, the cell phone was not working, and Carlos was just pretending to talk on the phone. [12]

One day my ex-husband had to go and get Carlos from the prison in Macon. In fact, Carlos had seen an empty moving truck with blankets on the ground. Then he entered the truck, wrapped himself in the blankets and went to sleep. In the meantime, someone had closed the door and the truck had left. When Carlos woke up and saw the closed door of the truck he started beating at the counter and screaming to be opened. Then someone must have called the police and after a couple of questions they arrested Carlos for trespassing. The truck had arrived in Macon, so they put him in jail in Macon. Fortunately, the bail was not too high, and Luke managed to pay for it by collecting money among his friends. [13]

Carlos is originally from Cuba. When Carlos lived in Cuba, he was a traffic cop. Here in America, sometimes he got arrested because he gets in the middle of the street to direct the traffic as he did when he lived in Cuba. However, most of the times, Carlos runs when he hears the siren of the police car that's coming. So, when the cops arrive, they find only a bunch of angry drivers blocked in the middle of the intersection, who honk the horn.[14]

LA GATTA MORGANA

Quando andavo **alle superiori**, un giorno, tornando a casa da scuola ho trovato un gattino nero e malnutrito sul **marciapiede**. Quando ho cercato di prenderlo in braccio il gattino si é spaventato e ha cercato di graffiarmi. Era carino cosí impaurito e allo stesso tempo fiero e combattivo. L'ho avvolto nella mia sciarpa di lana e l'ho portato a casa. Mentre camminavo il gattino aveva cominciato a **fare le fusa** addormentadosi.[1]

Quando sono arrivata a casa ho fatto un bagno al gattino ed un milione di pulci sono annegate nell'acqua. Poi l'ho asciugato e gli ho dato latte e tonno. Dopo mangiato il gattino si é addormentato esausto sul mio letto.[2]

Il veterinario mi ha detto che era una femmina e cosí decisi (ho deciso) di chiamarla Morgana per via del suo temperamento selvatico, del suo colore nero intenso e dei suoi magnifici occhi verdi. Infatti, nella tradizione popolare italiana, Morgana era una **strega** tanto bella quanto crudele e quel nome calzava certamente a pennello alla gattina![3]

Morgana amava dormire sul letto di mio padre, ma mio padre non voleva il gatto sul letto ed ogni volta che Morgana **si acciambellava** sul suo copriletto rosso la cacciava via. Fu cosí che Morgana cominció (ha cominciato) ad odiare mio padre.[4]

Morgana é sempre stata **dispettosa** e vendicativa e quando mio padre si addormentava davanti alla televisione lo aggrediva graffiandolo sulla testa **pelata**. Poi scappava. Mio padre si arrabbió (si é arrabbiato) un paio di volte e poi smise (ha smesso) di addormentarsi davanti alla televisione accesa per paura di Morgana.5

Morgana aveva cominciato a correre dietro al televisore e muovere i fili dell'antenna cosí non si potevano vedere **i programmi**. Mio padre si alzava dalla sua poltrona furibondo e correva dietro a Morgana che si nascondeva dietro i **mobili** e lo spiava. Appena mio padre si sedeva di nuovo sulla poltrona a guardare la televisione, Morgana arrivava correndo e muoveva **i fili dell'antenna** di nuovo. La nostra sala non aveva porte, perció mio padre si rassegnó (si é rassegnato) ben presto a guardare la televisione chiuso nella sua camera da letto dove Morgana non poteva arrivare.6

Un giorno mio padre si é seduto a leggere il giornale sulla sua poltrona preferita e dopo un po' si é alzato guardandosi la mano bagnata. I suoi pantaloni erano anche bagnati. Infatti Morgana aveva **pisciato** sulla sua poltrona preferita. Dopo questa esperienza mio padre disse (ha detto) a mia madre che se non mandava via il gatto se ne sarebbe andato lui! Ma mia madre disse (ha detto) che avrebbe mandato la sua poltrona a far lavare e lo convinse (lo ha convinto) a dare una seconda chance a Morgana. Infatti Morgana era molto dolce e affettuosa con me e mia madre; lei odiava solamente mio padre!7

Quando il **lavasecco** ci riportó (ci ha riportato) la poltrona, mia madre la **chiuse a chiave** (la ha chiusa a chiave) nell'ufficio di mio padre cosí il gatto non avrebbe piú potuto farci la pipí sopra. Quando mia madre puliva i pavimenti lasciava sempre le finestre aperte per far asciugare **per terra**. Fu (é stato) in una di queste occasioni che Morgana approfittando della finestra aperta é entrata nello **studio** di mio padre, e ha fatto di nuovo **la pipí** sulla poltrona preferita di mio padre.8

Questa volta abbiamo dovuto dare Morgana a dei nostri amici che abitavano in campagna perché mio padre minacciava di divorziare se tenevamo il gatto. Purtroppo Morgana era una fantastica cacciatrice ed amava giocare con i topolini vivi, perció portava in casa dei nostri amici tutti i topi che trovava nelle campagne circostanti la loro casa. I nostri amici si ritrovarono con una vera e propria infestazione di topi e dovettero (hanno dovuto) dare via Morgana.[9]

Io e mia madre passammo (abbiamo passato) due settimane al telefono per trovare una casa a Morgana perché le volevamo bene e non volevamo portarla al **gattile**. Cosí trovammo (abbiamo trovato) una **pro-zia** di mio padre quasi **centenaria** che decise (ha deciso) di prendere Morgana con sé. La vecchia signora abitava in una vecchia villa nel centro di Roma ed io e mia madre andammo (siamo andate) di persona a portarle Morgana. Speravamo in cuor nostro che Morgana non facesse altri disastri![10]

La vecchia signora, che si chiamava Leonida, passava le giornate a **lavorare a maglia** e Morgana dormiva felice accanto a lei sul suo grande letto. La signora Leonida comprava pesce fresco per Morgana ogni giorno e Morgana era diventata bella **cicciottella**. Finalmente anche Morgana aveva trovato una famiglia, infatti fra lei e la signora Leonida fu (é stato) certamente **amore a prima vista!**[11]

VOCABULARY

Alle superiori = Refers to "high school" that is usually called "scuola superiore" or at the plural "scuole superiori" and shortened into the term "superiori".
Marciapiede = Sidewalk
Fare le fusa = Refers to the "purring" of the cat.
Strega = Witch
Si acciambellava = Reflexive form of the verb "curling up". It comes from the noun "ciambella" that means "donut". It may refer to humans or pets curling up, and by doing so assuming the rounded form of a donut. The verb at the infinitive form is "acciambellarsi" and it is only used at the reflexive form.
Dispettosa = Adjective that means "someone who enjoys to mock others or making fun of others". The meaning is not necessarily negative.
Pelato = Adjective, "bald"
Programmi = Shows
Mobili = Furniture
Fili dell'antenna = Antenna's wires
Pisciato = Past Participle of the verb "pisciare" that literally means "to pee".
Lavasecco = Laundromat
Chiuse a chiave = Past – passato remoto – of "chiudere a chiave" that literally means "close with a key" – "chiave" means "key". Quite interestingly the verb "to lock" does not exist in Italian, so it is necessary to say, "close by key".
Per terra/in terra = On the ground.
Studio = Office. This word does not mean a single room apartment like in English. An apartment with only room in Italian is called "monolocale".
Pipí = Pee, another word for pee is *piscia* or (more vulgar the latter) *pisciata*.
Gattile = Cat shelter. Instead a "dog shelter" is called "canile".
Pro-zia = Great-aunt
Centenaria = Someone or something that is 100 years old or older.
Lavorare a maglia = Knitting
Cicciottella = Chobby
Amore a prima vista = Love at first sight

MORGANA THE CAT

When I was in high school, one day, while coming back from school, I found a black, malnourished kitten on the sidewalk. When I tried to pick him up, the kitten got scared, and tried to scratch me. He was cute, so scared and at the same time proud and combative. I wrapped him in my wool scarf and brought him home. As I began walking the kitten was purring while falling asleep.[1]

When I got home, I took a bath to my kitten and a million fleas drowned in the water. Then I dried him and gave him milk and tuna. After eating, the kitten fell asleep on my bed, exhausted.[2]

The vet told me that she was a female, and so I decided to call her "Morgana" because of her wild temperament, her intense black color and her magnificent green eyes. In fact, in the Italian folk tradition, Morgana was a witch as beautiful as she was cruel, and that name certainly suited the cat perfectly![3]

Morgana loved to sleep on my father's bed, but my father did not want the cat on his bed, and every time Morgana curled up on his red bedspread, he chased her away. So, happened that Morgana began to hate my father.[4]

Morgana has always been spiteful and vindictive and when my father fell asleep in front of the television, attacked him by scratching him on his bald head. Then she ran away. My father got angry a couple of times and then stopped falling asleep in front of the television, for fear of Morgana.[5]

Morgana had started running behind the TV and moving the antenna wires, so one couldn't watch the channels. My father used to get up from his armchair furious and ran after Morgana, who was hiding behind the furniture and watching him. As soon as my father sat back in his chair watching television, Morgana came running and moved the antenna wires again. Our living room had no doors, so my father soon started watching the television locked in his bedroom, where Morgana couldn't arrive.[6]

One day, my father sat to read the newspaper on his favorite armchair and, after a while, stood up looking at his wet hand. His pants were also wet. In fact, Morgana had peed on her favorite chair. After this experience, my father told my mother that if she did not send the cat away, he would go! But my mother said that she would had sent his chair to get cleaned and convinced my father to give Morgana a second chance. In fact, Morgana was very sweet and affectionate with me and my mother; she only hated my father![7]

When the dry-cleaner brought the chair back, my mother locked it in my father's office, so the cat could no longer pee on it. When my mom cleaned the floors, she used to leave the windows open to dry the floor. It was in one of these occasions that Morgana took advantage of the open window to enter in my father's office and pee again on my father's favorite armchair.[8]

This time we had to give Morgana to our friends, who lived in the country, because my father threatened to get a divorce if we kept the cat. Unfortunately, Morgana was a fantastic huntress and she loved playing with live mice, so she brought all the rats she could find in the countryside surrounding their home into our friends' house. Our friends found themselves with a real mice infestation and had to give Morgana away.[9]

My mother and I spent two weeks on the phone to find a house for Morgana because we loved her, and we did not want to take her to the cat's shelter. So, we found a great-aunt of my father who was almost a hundred years old and who decided to take Morgana with her. The old lady lived in an old villa in the center of Rome and my mother and I went in person to bring her Morgana. We hoped, in our hearts, that Morgana would not do any more disasters!10

The old lady, whose name was Leonida, used to spend her days knitting, and Morgana slept happily beside her, on her big bed. Miss Leonida used to buy fresh fish for Morgana every day and Morgana had become chubby. Finally, even Morgana had found a family, in fact between her and Miss Leonida it surely had been love at first sight!11

MATRIMONIO DI CONVENIENZA

Ad Aaron non piace lavorare ed ha sempre pensato che gli uomini e le donne debbano contribuire 50 % (percento) ciascuno alla sussistenza della famiglia. Le donne hanno voluto **la paritá** ed é quindi solamente giusto che paghino **il conto** al ristorante o che facciano a metá quando **escono** con un uomo. Dopo il matrimonio tutte le spese dovrebbero essere divise a metá. Inoltre la moglie dovrebbe firmare un **contratto prematrimoniale** dove si impegna a non pretendere nulla in caso di divorzio.[1]

Aaron crede nel matrimonio solamente ad alcune condizioni. É molto importante per Aaron che le spese degli appuntamenti da fidanzati siano equamente divise in parti uguali di modo che nessuno ci rimetta.[2]

Quando Aaron esce con una ragazza conosciuta su internet, controlla sulla mappa **il tragitto** da percorrere per andarla a prendere, poi misura la metá esatta e suggerisce alla ragazza di incontrarsi nel centro, a metá strada. Quando incontra una ragazza che non ha la macchina le chiede se puó usare Uber o, in alternativa, rimborsargli il denaro che Aron ha speso per percorrere la strada per incontrarla. Qualcuno direbbe che Aaron é una **crosta** (*slang*), ma secondo Aaron sono le ragazze ad essere croste. [3]

Aaron sta chattando da quasi due settimane con Vittoria. Vittoria appartiene ad una delle piú ricche famiglie del **bel mondo romano** ed Aaron pensa di aver trovato finalmente una donna degna di lui. Aaron e Vittoria hanno deciso di incontrarsi. Vittoria guida una Mercedes **nuova fiammante**, regalo del suo papá. Vittoria ha detto ad Aaron che suo padre non sopporta **gli straccioni** *(slang)* perché li considera tutti **approfittatori** e quindi ritiene che lei si debba sposare solamente con qualcuno del suo ambiente. Aaron é **sgamato** *(slang)* e sa bene che **"i soldi vanno con i soldi"**! *(italian proverb)*4

Aaron decide di **essere all'altezza** della situazione e di sposare la donna dei suoi sogni. Contatta gli amici e racconta loro la situazione. Allora Aaron **si fa prestare** dei soldi e riesce a **noleggiare** una Porsche per i fine settimana. Durante i fine settimana Aaron va a prendere Vittoria alla sua villa di campagna o la aspetta nel lussuoso atrio del suo elegante condominio. Aaron aspetta pazientemente che Vittoria arrivi e spesso le porta dei fiori. Aaron ha perfino trovato un lavoro part-time per avere abbastanza denaro per pagare i **salati** *(slang)* conti dei ristoranti eleganti dove porta Vittoria.5

Un giorno Aaron riceve un assegno da sua madre per pagare un semestre all'universitá, ma decide di usare il denaro per portare Vittoria in vacanza e per chiederle di sposarlo. Aaron ha quasi finito il denaro che ha preso in prestito per noleggiare la Porsche per andare a prendere Vittoria ed i creditori cominciano ad **assillarlo** per i suoi debiti non pagati. Se sposa Vittoria, avrá i soldi per pagare i debiti e per comprarsi una vera Porsche e perció decide di chiedere un altro prestito ad interessi altissimi per comprale **un anello di fidanzamento** con un grosso diamante.6

Aaron usa il denaro che gli resta per pagare il tragitto aereo a Ibiza e un **pernottamento** di due notti in uno splendido hotel a cinque stelle. Quando Aaron é nel bellissimo ristorante alla moda, dopo aver pagato un **conto salatissimo** che lo ha lasciato letteralmente **in bolletta** *(slang)*, Aaron propone a Vittoria di sposarlo.7

Vittoria accetta con le lacrime agli occhi. Aaron le chiede se suo padre puó pagare per il loro matrimonio, infatti Aaron sta giá pensando alle facce dei suoi amici e conoscenti vedendolo sporarsi con una donna tanto ricca! Ma Vittoria dice ad Aaron che suo padre sarebbe furioso se sapesse del loro matrimonio perché ha giá deciso di farla sposare ad un amico di famiglia ricchissimo. Perció Vittoria propone ad Aaron di sposarsi di nascosto e di fare **una fuitina** *(slang)* in pieno stile. Aaron accetta e i due si abbracciano teneramente.8

Aaron ha raccontato a Vittoria di essere un banchiere e di possedere molte ricchezze, perció ora deve sposarsela in fretta prima che lei scopra la veritá. Fortunatamente anche Vittoria sembra volersi sposare in fretta e furia.9

I due ritornano in Italia e decidono di sposarsi immediatamente. Alcuni giorni dopo parcheggiano le rispettive costose macchine fuori dal **tribunale di Ostia** e si sposano **in comune** e di nascosto con solo alcuni amici di Aaron come testimoni. Decidono di passare la serata sulla spiaggia con una bottiglia di vino prima di tornare in albergo.10

Aaron comincia a domandare a Vittoria della sua villa in campagna, ma Vittoria dice che la villa é **ipotecata** e che non possono vivere lí. Allora Aaron le domanda del suo elegante appartamento in centro ma Vittoria dice che era in affitto e la hanno appena **sfrattata**. Vittoria chiede ad Aron della sua **baita a Cortina D'Ampezzo**, ma Aaron le dice che la baita é appena bruciata in un incendio e che aveva dimenticato di fare **un'assicurazione di copertura**. Allora Vittoria chiede ad

Aaron se possono trasferirsi **nell'attico** che lui le ha detto di avere vicino al Colosseo ma Aaron le dice che aveva preso in affitto l'attico e che lo avevano appena sfrattato.11

Aaron resta in silenzio per un po'. Poi domanda a Vittoria se puó guidare la sua Mercedes AMG perché la sua Porsche é noleggiata e deve essere restituita il giorno seguente. Vittoria risponde che la sua Mercedes é anche presa a noleggio e deve restituirla la sera successiva. 12

I due cominciano a camminare in silenzio. Poi Vittoria salta su un autobus gridando "**sfigato**" *(slang)* ad Aaron. Aaron le risponde urlandole "**mignotta**"*(cursing)*!13

Aaron sta cercando di ottenere un divorzio a poco costo e anche di rintracciare Vittoria per farsi restituire l'anello di fidanzamento col diamante, ma senza grossi risultati.14

VOCABULARY

Paritá = Parity
Il conto = The bill of the restaurant
Escono con un uomo = "they date a man". The verb is "uscire" at the infinite form. This verb means "to exit", but according to contest, this verb is also used with the meaning of "hang out" and "to date".
Contratto Prematrimoniale = Pre-nuptial agreement
Tragitto = Path
Crosta = Slang for "cheap person". This word doesn't have a masculine form and ends with the letter -a when refers both to a man or to a woman, the plural will be "croste".
Bel mondo romano = Roman High society – literally "beautiful Roman world"
Nuova fiammante = New brand car. This definition is used only to describe cars.
Straccioni = Losers, bummers. It comes from the noun "straccio" that literally mean "rag".
Approfittatori = Takers
Sgamato = Northern Italian slang. Means "street-smart"
Essere all'altezza = To be able to handle a situation
Prestare = Infinitive of the verb "to loan". In Italian do not exist the two English verbs "to loan" and "to borrow". In Italian we only have the verb "to loan". When we need to say, "To borrow", we say, "to take in borrow from someone else" and that sounds:" prendere in prestito da qualcuno"
Noleggiare = In Italian exist two verbs for "renting", one is "affittare" that refers only to the rent of buildings and constructions built permanently on the ground. Instead the verb "noleggiare" refers to the rent of all the goods not built on the soil such as cars, boats, books and any other objects.
Salati = This is an adjective that means "salty" when refers to foods. It is also used to mean "expensive" and, in this case, it is slang.
Assillarlo = "Assillare" is the infinitive of the verb "to harass". In this case the verb is used with the direct pronoun "lo", that means "him". So "assillarlo" means "to harass him".
Anello di fidanzamento = Engagement Ring
Pernottamento = Overnight staying

Conto salatissimo = Extremely expensive restaurant bill
Essere in bolletta = Slang with the meaning of "being broke"
Fuitina = Elope, secret marriage. Typically used in Sicily.
Tribunale di Ostia = Ostia Coutroom. Ostia is a location on the sea next to Rome.
Comune = City Hall. People, in Italy, can get married there.
Ipotecata = Adjective. Means there is a lien on it. The word "lien" translates "ipoteca".
Sfrattata = Adjective. Means "evicted".
Baita a Cortina d'Ampezzo = "baita" means "cabin". Instead Cortina D'Ampezzo is a fancy ski resort in Northern Italy.
Assicurazione di copertura = Insurance coverage
Attico = Penthouse
Sfigato = Loser (curse).The feminine form is "sfigata".
Mignotta = Slut (Roman curse)

MARRIAGE OF CONVENIENCE

Aaron does not like to work and has always thought that men and women should contribute 50% each to the family's subsistence. Women wanted the parity and, therefore it is only fair that they pay the bill at the restaurant or that they pay half when they go out with a man. After the wedding all expenses should be divided in half. In addition, the wife should sign a prenuptial agreement where she commits not to ask for anything in the event of a divorce.[1]

Aaron believes in marriage only under certain conditions. It is very important to Aaron that the costs of dating are equally divided in equal parts, so that no one loses anything.[2]

When Aaron goes out with a girl met on the internet, he checks the path to go to pick her up, on a map, then he measures the exact half, and suggests to the girl to meet in the center, halfway. When he meets a girl, who does not have a car, he asks her if she can use Uber or alternatively, reimburse him for the money he had spent to drive to meet her. Some would say that Aaron is cheap, but according to Aaron, are the girls the ones who are cheap. [3]

Aaron has been chatting with Vittoria for almost two weeks. Vittoria belongs to one of the richest families of the Roman high society and Aaron thinks he has finally found a woman worthy of him. Aaron and Vittoria decided to meet. Vittoria drives a brand-new Mercedes, a gift from her father. Vittoria told Aaron that her father cannot stand losers because he considers them all to be takers and, therefore, believes that she should only marry someone from her social circle. Aaron is street-smart and knows that "money marries money"![4]

Aaron decides to live up to the situation and marry the woman of his dreams. He contacted his friends and he told them about the situation. Then Aaron borrowed money from his friends and manages to rent a Porsche for the weekends. During the weekends, Aaron goes to pick up Victoria at his country villa or waits for her in the luxurious atrium of her elegant condo. Aaron waits patiently for Vittoria to arrive and often brings her flowers. Aaron even found a part-time job to get enough money to pay the expensive bills of the elegant restaurants where he goes with Victoria.[5]

One day Aaron received a check from his mother to pay for a semester at the university, but he decided to use the money to take Victoria on vacation and to ask her to marry him. Aaron has almost finished the money he borrowed to rent the Porsche to go to get Victoria, and the creditors begin to haunt him down because of his unpaid debts. If Aaron marries Vittoria, he will have the money to pay his debts and buy himself a real Porsche and so, he decided to ask for another loan with very high interests to buy an engagement ring with a big diamond.[6]

Aaron uses the money he has left, to pay for the flight to Ibiza and for a two-night stay in a beautiful five-star hotel. When Aaron is in the beautiful, trendy restaurant, after paying a huge bill that literally left him broke, he proposes to Victoria.[7]

Vittoria accepts with tears in her eyes. Aaron asks her if her father can pay for their marriage, in fact Aaron is already thinking about the faces of his friends and acquaintances seeing him getting married with such a rich woman! But Vittoria tells Aaron that her father would be furious if he knew about their marriage because he had already decided to have her married to a very rich family friend. So, Victoria proposes to Aaron to get married in secret and to elope in full style. Aaron accepts and the two hug each other tenderly.[8]

Aaron told Victoria that he is a banker and possesses a lot of wealth, so now he must get married quickly before she finds out the truth. Fortunately, Vittoria also seems to want to get married quickly.[9]

The two return to Italy and decide to get married immediately. A few days later they park their respective expensive cars outside the court of Ostia and they marry in the courthouse in secret, with only a few Aaron's friends as witnesses. They decide to spend the evening on the beach with a bottle of wine, before returning to the hotel.[10]

Aaron begins to ask Vittoria about her villa in the countryside, but Vittoria says that the villa has a lien and so they cannot live there. Then Aaron asks her about her elegant apartment in downtown, but Vittoria says she was renting it, and they just evicted her. Vittoria asks Aron about his cabin in Cortina D'Ampezzo, but Aaron tells her that the cabin has just burnt in a fire, and he forgot to buy an insurance. Then Vittoria asks Aaron if they can move to the penthouse, he told her to have near the Colosseum, but Aaron tells her that he had rented it and that they had just evicted him.[11]

Aaron remains silent for a while. Then he asks Vittoria if he can drive her Mercedes AMG because his Porsche is rented and must be returned the following day. Victoria replies that her Mercedes is also rented and must be returned the next evening. [12]

The two begin to walk in silence. Then Victoria jumps on a bus shouting "loser" to Aaron. Aaron answers by shouting "slut" to her.[13]

Aaron is trying to get a cheap divorce and to track down Victoria to get back the diamond engagement ring, but without major results.[14]

DARLA

Ho incontrato questa tizia su Craigslist e ho **imparato a mie spese** che Craigslist non é il posto migliore per incontrare gente valida. All'epoca ero separata dal mio ex marito e me ne stavo sempre a casa a **rimuginare sui miei guai**. Perció ho deciso di trovare qualche amica per **uscire**.1

Darla aveva lunghe extension bionde e parlava continuamente **dietro le spalle degli altri**, ma all'inizio non ci avevo fatto caso.2

Darla, che di professione faceva la manicure – o cosí lei diceva – spendeva il suo tempo a cercare un uomo ricco che la **mantenesse**. Era praticamente su tutti i siti **di appuntamenti**, specialmente quelli dal nome altosonante come millionaire.com che era il suo preferito. Secondo me gli uomini su millionaire.com non erano per niente milionari ma **facevano finta** di esserlo per **portarsi a letto** le donne. Mi ricordo che c'erano molti uomini su questo sito che mettevano le foto della loro villa al mare, del loro yacht e della loro Ferrari. Peró loro non erano mai nella fotografia seduti sulla Ferrari o davanti alla loro villa.3

Conosceva tutti questi ricchi uomini impazienti di sposarla che vivevano in ogni parte degli Stati Uniti d'America, ad eccezione della sua cittá e Darla saltava di aereo in aereo per andare a spendere il weekend con questi misteriosi uomini di internet.4

Quando Darla tornava a New York, telefonava all'ultimo uomo che aveva visitato e di solito non riusciva a parlare con nessuno perché il promesso marito di turno non rispondeva alle sue chiamate e non le ritelefonava. Ma Darla non si arrendeva e continuava a chiamare e chiamare fino a che non trovava un nuovo uomo su internet.5

Un giorno Darla ha incontrato un **camionista congolese** in una **discoteca**. Il camionista congolese le ha detto che era bella e Darla si é **innamorata** al primo istante. Da quel momento in poi Darla ha **smesso** di cercare altri uomini su internet e diceva a tutti che questo congolese era il suo uomo.6

Non passavano mai i weekend insieme perché Amed era sempre in viaggio sul suo **camion**. Peró Amed la chiamava quando era in città. Un giorno ero in macchina con Darla e Amed ha chiamato. Darla era tutta emozionata ed io potevo sentire la voce di Amed gridare nel telefono che era in città e se poteva vedere Darla entro 20 minuti. Darla mi ha scaricato a casa in fretta e furia mentre si rifaceva **il trucco** e si sistemava i capelli. Dopo circa due ore Darla mi ha telefonato molto triste perché Amed se n'era giá andato. Dire a Darla che Amed la stava usando era inutile e poi si sarebbe arrabbiata accusandomi di essere gelosa e cosí la lasciavo fare. Darla continuava a parlare del suo Amed ed a mostrare le foto di lui che aveva nel telefono. Aveva una foto di Amed che mostrava i muscoli proprio sulla facciata del suo **cellulare**.7

Un giorno che Amed era a New York per consegnare **una partita di angurie** aveva chiamato Darla per il loro incontro pomeridiano e prima di andare via, aveva aperto il camion e le aveva regalato una delle angurie che trasportava. Darla mi ha chiamato immediatamente eccitatissima per farmi sapere che il suo Amed le aveva regalato un'anguria. Non sapevo che dire e cosí le dissi (le ho detto) che ero felice per lei. Quella stessa sera la pagina Facebook di Darla era totalmente tappezzata delle fotografie dell'anguria che Amed le aveva regalato.8

Io mi ero iscritta a match.com ed avevo cominciato ad uscire con un uomo. Un giorno mentre controllavo la mia posta su match.com ho trovato un messaggio di Amed. Ero sicura che fosse lui perché la fotografia del suo profilo su match.com era la stessa che Darla aveva nel suo telefono.9

Amed mi aveva incontrata solo una volta e non so se mi avesse riconosciuta e sapesse che ero l'amica di Darla. Decisi (ho deciso) di dirlo a Darla. Cosí le ho telefonato e le ho raccontato tutta la storia. Darla si é molto arrabbiata ed é venuta subito a casa mia. Le ho fatto vedere le e-mail di Amed ed il suo profilo su match.com. Allora Darla ha preso il telefono e ha chiamato Amed per chiedergli spiegazioni. Peró Amed non ha risposto alla chiamata e cosí Darla gli ha lasciato un messaggio sulla **segreteria telefonica**. Per la veritá Darla gli ha lasciato almeno dieci messaggi sulla segreteria ed in alcuni di essi lo minacciava di **denunciarlo alla polizia**.10

Prima di andarsene Darla ha cominciato ad accusarmi di essere gelosa della sua storia d'amore con Amed e mi accusó (mi ha accusato) di averlo contattato per prima. Non sapevo cosa dire e le chiesi (le ho chiesto) di andarsene perché ero stanca e volevo andarmene a dormire. Non ho piú visto Darla dopo quell'episodio e probabilmente é meglio cosí.11

VOCABOLARIO

Darla = This is a woman name that Italians would never give to their daughters. In fact, this female name is used jokingly to refer to slutty women. This meaning comes from the fact that in Italian "darla" literally means "give it away": "dare" means "to give" and "la" is the feminine direct object pronoun that translates "it"
Imparato a mie spese = Learned at my expenses, learned the hard way
Rimuginare sui miei guai = Mulling on my troubles
Dietro le spalle degli altri = Behind another people's back. "Spalle" means "shoulders". Italians literally say, "behind the shoulders of others".
Mantenesse = Subjunctive Imperfect Tense of the verb "to support"
Appuntamenti = Appointments. Also used with the meaning of "to date someone "depending by the contest.
Facevano finta = Past Tense of the verb "to pretend". The infinite form of the verb is "fare finta".
Portarsi a letto = Getting in bed
Camionista Congolese = Truck driver from Congo, "Camion" means "truck".
Il trucco = Women make-up. Hilariously, Italians refer to women make-up as "trucco", that literally means "trick".
Cellulare = Cell-phone.
Partita di angurie = A lot of watermelons. There are two words that translate the word "watermelon" and they are "anguria" used in the North of Italy and "cocomero" used in the South of Italy.
Denunciarlo alla polizia = Report him to the police.

DARLA

I met this lady on Craigslist and I learned, at my expenses, that Craigslist is not the best place to meet good people. At the time I was separated from my ex-husband and I was always at home mulling over my troubles. So, I decided to find some girlfriends to go out with.[1]

Darla had long blond hair-extensions and was constantly talking behind the backs of others, but at first, I did not notice.[2]

Darla, who professionally did manicures - or so she said - spent her time looking for a rich man to marry her. She was practically on all the dating websites, especially the ones with the high-sounding names like millionaire.com, that was her favorite. In my opinion, the men on millionaire.com were not millionaires at all but pretended to be to get into women's pants. I remember that there were many men on this website who posted photos of their villa by the sea, their yachts and their Ferrari's. But they were never in the picture sitting on the Ferrari or posing in front of their villa.[3]

She met all these wealthy men impatient to marry her who lived in every part of the United States of America, except in her city and Darla jumped from plane to plane to go and spend the weekend with these mysterious internet men.[4]

When Darla came back to NYC, she called the last man she'd visited and could not usually talk to anyone because her promised husband did not answer her calls and did not call back. But Darla did not give up and kept calling and calling until she found a new man on the internet.[5]

One day, Darla met a Congolese truck driver in a nightclub. The Congolese truck driver told her she was beautiful, and Darla fell in love at first sight. From that moment on, Darla stopped looking for other men on the internet and told everyone that this Congolese was her man.[6]

They never spent the weekends together because Amed was always traveling on his truck. But Amed called her when he was in town. One day I was in the car with Darla and Amed called. Darla was all excited and I could hear Amed's voice shouting in the phone that he was in town and if he could see Darla within 20 minutes. Darla dumped me at home in a hurry as she made up her makeup and adjusted her hair. After about two hours Darla called me very sad because Amed had already left. Telling Darla that Amed was using her was useless and she would had got angry and accusing me of being jealous, and so I left her alone. Darla kept talking about her man Amed and showing me pictures of him on her phone. She had a picture of Amed showing his muscles right on the cover of her cell phone.[7]

One day, Amed was in New York to deliver a lot of watermelons and he called Darla for their afternoon meeting and, before leaving, he opened his truck door and gave her one of the watermelons he was carrying. Darla immediately called me excited, to let me know that her Amed had given her a watermelon. I did not know what to say and so I told her that I was happy for her. That same evening, the Facebook page of Darla was completely covered with pictures of the watermelon that Amed had given to her.[8]

I had signed up for match.com and started dating a man. One day while checking my e-mails on match.com I found a message from Amed. I was sure that was him because his profile picture on match.com was the same one that Darla had in her phone.

Amed had met me only once and I do not know if he recognized me and knew that I was Darla's friend. I decided to tell it to Darla. So, I called her and told her the whole story. Darla got very angry and immediately drove to my house.[9]

I showed her Amed's e-mails and his profile on match.com. Then Darla took the phone and called Amed to ask for an explanation. But Amed did not answer the call and so Darla left him a message on his answering machine. Darla left him at least ten messages on his voicemail, and in some of them she threatened to report him to the police.[10]

Before leaving, Darla started accusing me of being jealous of her love affair with Amed and she accused me of having contacted him first. I did not know what to say and I asked her to leave because I was tired, and I wanted to go to sleep. I have not seen Darla since that episode, and it's probably better this way.[11]

IL PRETE

Quando ero piccola il mondo era molto piú innocente ed io non avevo idea di come nascessero i bambini. A scuola io e gli atri bambini parlavamo sempre di come nascono i bambini ma nessuno era davvero sicuro di come succedesse. Tutti eravamo d'accordo sul fatto che i bambini uscivano dalla pancia di una mamma, peró nessuno di noi poteva spiegare come facessero i bambini ad entrare nella pancia. Alcuni bambini suggerivano che forse la mamma li mangiava e poi crescevano nella pancia. Infatti, secondo questa teoria molte cose possono crescere nella pancia, come per esempio le angurie se ne mangi **i semi**. Non so se questa era la spiegazione per i bambini peró da allora in poi sono stata bene attenta a togliere tutti i semi dall'anguria prima di mangiarla.1

Avevo anche chiesto a mio padre di darmi una spiegazione ma lui mi aveva raccontato una storia senza senso sulle api ed i fiori ed io non ci avevo capito **un cavolo (slang)**! Quando gli avevo detto che le cose che diceva non avevano senso e che i bambini non possono nascere dalle **api**, mi aveva mandato a chiedere a mia mamma. 2

Mia madre mi disse che per avere i bambini una donna doveva avere un marito. Non capivo perché una donna senza marito non potesse avere i bambini nella pancia ma mia madre non ha saputo spiegarmelo.3

Il giorno dopo a scuola ho dato l'imformazione **ai miei compagni** e tutti insieme abbiamo cominciato a **ragionarci**. Alla fine siamo arrivati alla conclusione che quando una donna si sposa succede qualcosa. Infatti se solo una donna sposata puó avere figli allora succede qualcosa alla donna nel momento in cui si sposa che le fa entrare il bambino nella pancia. Tutti eravamo daccordo che fosse il prete! Non poteva esserci nessun'altra logica spiegazione! Arrivammo alla conclusione che il prete metteva il bambino nella pancia della donna durante il matrimonio!4

A questo punto dovevamo andare a dei matrimoni per vedere da vicino cosa faceva il prete. Alla fine di giugno si sposava una mia cugina ed io convinsi i miei genitori ad invitare tre miei cari amici e compagni di classe. Quando siamo arrivati in chiesa siamo corsi a sederci davanti, proprio **di fronte** al prete. Mentre il prete sposava mia cugina e suo marito, noi guardavamo attenti per beccare il prete **con le mani nel sacco**! Ad un certo punto la sposa si é messa a piangere ed il prete le ha messo una mano sulla spalla.5

- "Aha!" urlai "ecco che le mette il bambino nella pancia!"

Tutti nella chiesa rimasero (sono rimasti) in silenzio e mia madre diventó (é diventata) tutta rossa in faccia. Gli altri bambini **balzarono (sono balzati) in piedi** e cominciarono (hanno cominciaato) a **puntare il dito contro** il prete e a gridare battendo i piedi per terra: "le ha messo il bambino nella pancia! le ha messo il bambino nella pancia!" gridavano in coro.6

Mio padre e altri due uomini **ci presero (ci hanno preso) in braccio** e ci portarono (ci hanno portato) fuori.

Mia madre non mi parló (non mi ha parlato) per una settimana ed io feci (ho fatto) la massima attenzione a non toccare mai un prete, almeno fino a che non imparai (ho imparato) come nascono i bambini.7

VOCABOLARIO

I semi = The seeds
Un cavolo = Literally means "a cabbage". In slang "don't understand a cabbage" means "don't understand anything"
Api = Bees
Compagni = Classmates. In this case the word "compagni" is short for "compagni di classe".
Ragionarci = To reason about it. It is made up by the infinitive form of the verb "to reason" plus the pronoun "ci" that means "about it": "ragionare" plus "ci".
Con le mani nel sacco = Caught someone in the act. Literally translated "with his hands in the bag".
Balzarono = Past tense of "balzare" that means "to jump".
In piedi = On the feet. In Italian "to stand" is translated "to be on one's feet". "essere in piedi", or "jumping on feet" with the meaning of "get up".
Presero in braccio = Past tense of "prendere in braccio", literally "take in one's arm" that means "to pick up" a child or a pet.

THE PRIEST

When I was a child, the world was much more naïve, and I had no idea how children were born. At school, I and other children always talked about how children are born but nobody was sure how it happened. We all agreed that the children were coming out of a mother's stomach, but none of us could explain how the children could get into the belly. Some children suggested that maybe the mothers ate them and then they grew up in their stomachs. In fact, according to this theory many things can grow in the belly, as for example the watermelons if you eat the seeds. I do not know if this was the explanation for the children but from then on, I was careful to remove all the seeds from the watermelon before eating it.[1]

I had also asked my father to give me an explanation, but he told me a meaningless story about bees and flowers and I did not understand a damn thing! When I told him that the things, he said did not make sense and that the children cannot be born from the bees, he had sent me to ask my mother.[2]

My mother told me that to have children a woman had to have a husband. I did not understand why a woman without a husband, could not have babies in her stomach, but my mother could not explain that to me.[3]

The next, day at school, I gave that information to my classmates, and all together we began to reason. In the end we concluded that something happens when a woman gets married. In fact, if only a married woman can have children then something happens to the woman when she marries, which brings her baby into her stomach. We all agreed that had to be the priest! There could not be any other logical explanation! We all agreed that the priest put the baby in the woman's belly during the wedding![4]

At this point we had to go to weddings to see what the priest was doing. At the end of June my cousin was getting married and I convinced my parents to invite three of my dear friends and classmates. When we arrived at the church we ran to sit right in front of the priest. While the priest married my cousin and her husband, we watched carefully to catch the priest with his hands in the bag! At one point the bride started crying and the priest put a hand on her shoulder. [5]

- "Aha!" I screamed "here he puts the baby in her belly!"

Everyone in the church was silent and my mother turned red in her face. The other children jumped up and began to point the finger at the priest and shouted stomping on the ground: "he put the baby in her belly! he put the baby in her belly! " . They shouted in chorus.[6]

My father and two other men took us outside.

My mother did not speak to me for a week and I took the utmost care never to touch a priest, at least until I learned how children are born.[7]

É NATA UNA PIATTOLA

Carlita ha deciso di lavorare come **ragazza alla pari** e cosí **se ne é andata** a New York dove ha accettato un lavoro come **badante**. La signora newyorkese era innamorata dell'Europa e della Spagna e quando ha saputo che Carlita era originaria di Toledo, ha voluto assumerla subito![1]

Carlita deve parlare in spagnolo al bambino di cui si prenderá cura cosí il piccolo Tom crescerá bilingue. La signora Nancy é sposata con un avvocato di successo che non é mai a casa e ha bisogno di una **balia** per aiutarla acrescere Tom ed ad insegnargli a parlare Spagnolo.[2]

Tom ha circa 8 mesi e quando vuole qualcosa urla e lancia oggetti. Carlita ha **sgridato** Tom diverse volte perché non trova una cosa normale che un bambino debba urlare istericamente per ottenere quello che vuole.[3]

Un giorno Carlita ha sgridato Tom davanti a sua madre Nancy che ha chiamato Carlita in disparte per parlarle:

- Carlita, per favore non traumatizzare piú Tom!
- Signora, non l'ho traumatizzato! Gli insegno a comportarsi! Se lascia fare a Tom tutto ció che vuole, crescerá **capriccioso** e **viziato**!

- Carlita, secondo la moderna sociologia dire "no" ai bambini equivale a traumatizzarli e ad uccidere la loro creativitá! Se traumatizzi ancora Tom non posso tenerti al mio servizio!
- D'accordo Signora – Carlita era perplessa.[4]

Un giorno Carlita ha preparato il pranzo per Tom ma il piccolo, che non gradiva i fagioli ha cominciato a lanciarli sui muri bianchi dell'appartamento sporgendosi dal seggiolone. Carlita cominció a dire "no Tom! No!", ma la signora Nancy che era presente ha detto a Carlita che se non **lasciava** Tom libero di **tirare** il cibo sui muri lo avrebbe traumatizzato. Perció Carlita ha lasciato fare Tom, stando attenta a ripararsi sotto il tavolo mentre Tom lanciava fagioli, scodella e perfino la sua bottiglia dell'acqua.[5]

Nel pomeriggio, dopo che Carlita aveva pulito il pavimento, era arrivato un **imbianchino** a **ridipingere** i muri dell'appartamento.

Tom, ogni giorno, ricominciava con i suoi **capricci** e lanciava il cibo sui muri dell'appartamento, tanto sapeva che nessuno lo avrebbe sgridato. Tom era diventato un piccolo despota.

Carlita aveva deciso di contattare l'agenzia per ragazze alla pari e trovare un'altra famiglia perché era *stufa (slang)* di pulire il pavimento pieno di cibo e di togliersi i piselli e i fagioli perfino dai capelli![6]

Era il suo ultimo giorno con il piccolo Tom e la signora Nancy non era in casa, era probabilmente andata alla sua lezione di Yoga o alla sua classe studio sulle donne. Carlita non poteva immaginare che cosa s'insegnasse in una classe studio sulle donne, probabilmente le stesse assurde teorie sociologiche che lasciano lanciare il cibo ai bambini addosso agli adulti?? Carlita **rise (ha riso) fra sé e sé** pensando che la maggior parte delle donne appartenenti alla classe medio-alta newyorkese erano alquanto bizarre.7

Come accadeva raramente il padre di Tom era in casa e stava preparando un caso giuridico chiuso nel suo ufficio.

Era quasi ora di servire il pranzo al piccolo Tom e Carlita era grata che presto avrebbe lasciato quella famiglia. Carlita mise (ha messo) il risotto nel piatto di Tom ed il bambino, come si aspettava, cominció (ha cominciato) a gridare alzandosi in piedi nel seggiolone e lanciando piatto, forchetta e **biberon** contro il muro della sala da pranzo (che adesso veniva ridipinto solo una volta alla settimana).8

Il padre di Tom corse (é corso) fuori dal suo ufficio attirato dal trambusto e data un'occhiata al piccolo Tom urlante, chiese (ha chiesto) a Carlita cosa stava succedendo:

- Niente signore, Tom lancia il cibo contro il muro – disse Carlita
- Cosa? – rispose (ha risposto) stupito il padre di Tom – e perché lo lasci fare? – chiese (ha chiesto) incredulo
- Perché sua moglie dice che se non si lascia fare a Tom tutto quello che vuole puó crescere traumatizzato – rispose (ha risposto) Carlita trattenendo a stento una risata
- Ma queste sono **palle**! – esclamó (ha escamato) il padre di Tom 9

E cosí dicendo si avvicinó (si é avvivinato) al bambino che stava ancora urlando **in piedi** nel seggiolone. Il padre di Tom gli diede (gli ha dato) uno **schiaffo** e ritornó (é ritornato) nel suo ufficio per continuare il suo lavoro.

Il piccolo Tom era cosí stupito che qualcuno lo avesse schiaffeggiato che spalancó (ha spalancato) gli occhi incredulo e smise (ha smesso) di piangere.

Carlita cominció (ha comonciato) a ridere e poi andó (é andata) a preparare i bagagli per la sua partenza il giorno successivo.10

VOCABULARY

Ragazza alla Pari = Au-pair girl
Se ne é andata = Literally means "she left". Past tense.
Badante = Care-taker
Balia = Nanny
Sgridato = Past Participle of "sgridare" that means "to scold".
Capriccioso = Adjective. A spoiled Child. Literally means someone who "throws tantrums", in fact, "capricci" means "tantrums".
Viziato = Spoiled. Usually referring to children.
Lasciava = Past Tense of "to let".
Tirare = Infinitive form of "to pull". What makes this verb confusing is the fact that is also used with the meaning of "to throw", like in this case.
Imbianchino = A guy who paints walls. Painter. This term comes from the term "bianco" that means "white", in fact, Italians like to paint their houses almost exclusively in the white color.
Ridipingere = "Dipingere" twice. "Dipingere" means "to paint". So, it is "painting for the second time".
Capricci = Tantrums
Stufa = Slang. Means "tired" or "sick".
Rise fra sé e sé = Past Tense of "ridere" that means "to laugh". "Ridere fra sé e sé" means "Laughing within oneself".
Biberon = Baby Bottle
Palle = Literally means "balls" but it is slang that means "bullshits".
In piedi = Standing. Literally "be on one's feet".
Schiaffo = Noun. Slap in the face.

A SNOWFLAKE IS BORN

Carlita decided to work as an au-pair and so she went to New York where she accepted a job as a nanny. The New York lady was in love with Europe and Spain and when she learned that Carlita was originally from Toledo, she wanted to hire her right away![1]

Carlita must speak in Spanish to the child she will take care of, so little Tom will grow up bilingual. Ms. Nancy is married to a successful lawyer who is never home and needs a nanny to help her raise Tom and teach him how to speak Spanish.[2]

Tom is about 8 months old and when he wants something he screams and throws things. Carlita scolded Tom several times because she did not find normal that a child should scream hysterically to get what he wants.[3]

One day Carlita scolded Tom in front of his mother Nancy, who called Carlita aside to talk to her:

- Carlita, please do not traumatize Tom anymore!

- Madam, I have not traumatized him! I teach them to behave! If you let Tom do everything he wants, he will grow up entitled and spoiled!

- Carlita, according to modern sociology, saying "no" to children is the way to traumatizing them and killing their creativity! If you still traumatize Tom, I cannot keep you at my service!

- All right Madam - Carlita was perplexed.[4]

One day Carlita prepared lunch for Tom but the little one, who did not like beans, started throwing them on the white walls of the apartment, leaning out of the high chair. Carlita began to say "no Tom! No! ", But Mrs. Nancy who was present told Carlita that if she did not leave Tom free to throw food on the walls, she would have traumatized him. So Carlita left Tom alone, being careful to shelter herself under the table while Tom was throwing beans, bowl and even his water bottle.5

In the afternoon, after Carlita had cleaned the floor, a house painter had arrived and repainted the walls of the apartment.

Tom began again and again everyday with his tantrums and threw food on the walls of the apartment, in fact he knew that nobody would have scolded him. Tom had become a little despot.

Carlita had decided to contact the agency for au-pairs and find another family because she was tired of cleaning the floor full of food and removing the peas and the beans even from her own hair!6

It was her last day with little Tom and Mrs. Nancy was not home, she had probably gone to her Yoga class or her class on women's studies. Carlita could not imagine what was taught in a class about women's studies, probably the same absurd sociological theories that let children throw food to adults? Carlita laughed to herself, thinking that most of the women belonging to the New York middle-high class were quite bizarre.7

As it rarely happened Tom's father was at home and was preparing a legal case locked in his office.

It was almost time to serve lunch to little Tom and Carlita was grateful that she would have soon left that family. Carlita put the risotto in Tom's plate and the child, as expected, began screaming, standing up in the high chair and throwing plate, fork and bottle against the wall of the dining room (which was now being repainted only once a week).8

Tom's father ran out of his office, attracted by the hustle and looked at the screaming little Tom, then asked Carlita what was happening:

- Nothing, Tom throws food at the wall - Carlita said
- What? - Tom's father asked in amazement - and why do you let him do it? He asked incredulously

- Because your wife says that if you do not let Tom do whatever he wants he can grow traumatized - Carlita replied, barely holding back a laugh

- But these are *bullshits (slang)*! - Tom's father exclaimed [9]

And by saying so he approached the child who was still screaming standing in the high chair. Tom's father slapped him and returned to his office to continue his work.

Little Tom was so amazed that someone had slapped him that he opened his eyes in disbelief and stopped crying.

Carlita started laughing and then went to pack her bags for her departure the next day.[10]

LUKE

Il mio matrimonio con Luke non ha funzionato per motivi troppo complicati da spiegare peró non nutro alcun sentimento negativo contro di lui ed ho, al contrario, dei ricordi divertenti riguardo alla nostra **relazione**.1

Una delle cose che ricordo é quando Luke é venuto per la prima volta a Milano, in Italia, ed é stato per un po' nel mio appartamento. Ci siamo molto divertiti ad **andare in giro** per la cittá e ad incontrare i miei amici.2

Un giorno, ricordo che dovevo andare in banca e Luke ha deciso di venire con me. Le banche italiane sono diverse dalle banche americane e hanno una specie di **stanzetta blindata** all'entrata. Questa stanzetta é tutta di vetro **antiproiettile** e contiene telecamere e altoparlanti all'interno. Quando si entra in banca si passa per questa stanzetta e si resta chiusi in questa stanzetta per alcuni minuti. Uno scanner automatico controlla che non ci siano armi ed una voce dall'altoparlante ti dice di **svuotare le tasche**, eccetera. Quando viene accertato che la persona non ha armi, le porte si **sbloccano** e si ha accesso alla banca.3

Avrei dovuto spiegare a Luke come comportarsi nella stanzetta peró non avevo idea che le banche americane fossero diverse. Sono entrata in banca lasciando Luke in macchina. Ma Luke ha deciso di seguirmi in banca dopo un po'.4

Mentre me ne stavo **allo sportello** della banca a parlare con l'impiegato, **l'allarme** ha cominciato a **suonare** e due uomini della sicurezza si sono **messi a** correre verso l'ingresso. Non mi ero resa conto che Luke era nella **cabina blindata** e che non capiva gli ordini impartiti dall'altoparlante, in italiano. Non so esattamente cosa Luke abbia fatto ma credo che si sia **spazientito** di stare lá dentro e abbia cominciato a battere con le mani sui vetri, facendo **scattare** l'allarme.5

Quando ho udito un impiegato della banca gridare: "Hey! É straniero! É straniero!" ho capito che si trattava di Luke e mi sono precipitata verso l'entrata.

Ho spiegato alle guardie che il mio fidanzato era **americano*** e che non capiva l'italiano e cosí lo hanno **lasciato** entrare in banca. Piú tardi Luke mi ha spiegato placidamente che si era stancato di essere chiuso in quella cabina e aveva cercato di farsi aprire la porta senza riuscirci. Non posso fare a meno di ridere ogni volta che penso a quella storia.6

Quando ho conosciuto Luke entrambi fumavamo peró lui era particolarmente preso da questo **vizio**, infatti la cosa che odiava di piú dei viaggi in aereo é che non poteva fumare per diverse ore. Mi ricordo che all'areoporto di Atlanta, alcuni anni fa, esisteva una stanzetta fatta tutta di vetro dove i fumatori appena scesi dall'aereo potevano andare a fumarsi una sigaretta. Luke, appena scendeva dall'aereo, correva verso la stanzetta con i muri di vetro e cominciava fumare. Io preferivo non fumare in quella stanzetta perché era piena di gente che fumava ed era **puzzolente**.7

Quando andavo alla stanzetta per chiamare Luke, era molto diffile trovarlo perché la stanzetta di vetro era colma di fumo ed era impossibile vedere le persone dalla

---

*In Italian the adjectives expressing citizenship are NOT capitalized

vita in sú. Era possibile solo vedere i piedi della gente che fumava nella stanzetta ed io cercavo di riconoscere Luke dai piedi. Bussavo al vetro o entravo per un secondo e lui di solito veniva fuori. I capelli ed i vestiti gli puzzavano di fumo fino a che non li lavava. La puzza di quella stanzetta piena di fumo era incredibile.[8]

Una delle cose che piú mi piacevano di Luke é che amava la mia cucina. Un tempo amavo cucinare e Luke mangiava sempre con piacere il cibo italiano che cucinavo per lui. É perfino diventato un esperto nel preparare la **pasta carbonara** che era uno dei suoi piatti preferiti.

Quando ho incontrato Luke aveva dei bei muscoli addominali, e quando abbiamo divorziato invece, grazie a me, Luke aveva un bel **pancione**![9]

VOCABULARY

Relazione = Relationship
Andare in giro = Go around. "In giro" means "around"
Stanzetta blindata = Armored small room. Instead "stanza" means "room"
Antiproiettile = Bulletproof. It is made by the words "anti" and "proiettile" that means "bullet". Another word for bullet is "pallottola"
Svuotare le tasche = To empty one's pockets. "Tasche" means "pockets"
Sbloccano = Present Tense of the verb "sbloccare" that means "to unblock"
Allo sportello = Literally "at the window". "Sportello" is the window where employees interact with the public. "Finestra" is the window of a house, "finestrino" is the window of a car and "sportello" is the window inside a bank or post office
L'allarme...suonare = The alarm...goes off. The verb "suonare" means "to play" but it is used in Italian also with the meaning of "to ring" or "to go off"
Messi a correre = Literally "begin to run". "Messi" is the past participle of "mettere" that means "to put". "Put to do something" is used with the meaning of "begin to do something"
Cabina blindata = Armored room. "Cabina" means "little room"
Spazientito = Someone who has lost their patience
Scattare = Infinite form of the verb "to go off"
Lasciare = to let
Vizio = Addiction
Puzzolente = Stinky
Pasta Carbonara = Italian dish made with pasta, bacon and eggs
Pancione = Big belly

LUKE

My marriage with Luke did not work for reasons that are too complicated to explain but I do not have any negative feelings against him and I have fun memories about our relationship.[1]

One of the things I remember is when Luke first came to Milan, in Italy, and he stayed in my apartment for a while. We had a lot of fun going around the city and meeting my friends.[2]

One day, I remember, I had to go to the bank and Luke decided to come with me. The Italian banks are different from the American banks and have a sort of armored room at the entrance. This room is made of bulletproof glass and contains cameras and speakers inside. When you enter the bank, you go through this room and you stay locked in this room for a few minutes. An automatic scanner checks that there are no weapons and a voice from the speaker tells you to empty your pockets and so on. When it is ascertained that you have no weapons, the doors are unlocked, and you have access to the bank.[3]

I should have explained to Luke how to behave in the small room, but I had no idea that the American banks were different. I entered the bank leaving Luke in the car. But Luke decided to follow me in the bank after a while.[4]

As I stood at the bank desk talking to the clerk, the alarm went off and two security men started running toward the entrance. I had not realized that Luke was in the armored room and that he did not understand the orders given by the speakers, in Italian. I don't know exactly what Luke did but I think he got impatient to be locked in there and began to hit the entrance with his hands and set off the alarm.[5]

When I heard a bank employee shouting, "Hey! He's a foreigner! He's a foreigner!"

I realized that it was Luke they were talking about, and I rushed towards the entrance. I explained to the guards that my fiancé was American, and he did not understand Italian and so they let him into the bank. Later, Luke calmly explained to me that he had grown tired of being locked in that room and had tried to get the door open without succeeding. I cannot help but laugh every time I think about that story.[6]

When I met Luke, we both used to smoke but he was particularly taken by this habit, in fact the thing he hated most about air travel is that he could not smoke for several hours. I remember that at the airport of Atlanta, a few years ago, there was a room made entirely of glass where smokers just got off the plane could go and smoke a cigarette. As soon as Luke got off the plane, he ran to the little room with the glass walls and began to smoke. I preferred not to smoke in that room because it was full of smokers and was stinky.[7]

When I went to the little room to call Luke, it was very difficult to find him because the glass room was full of smoke and it was impossible to see people from their waists up. It was only possible to see the feet of the smokers in the small room and I tried to recognize Luke from his feet. I knocked on the glass or went in for a second and he usually came out. His hair and clothes smelled of smoke until he washed them. The stink of that smoke-filled room was terrible.[8]

One of the things that I liked the most about Luke is that he loved my cuisine. At that time, I loved to cook, and Luke always ate the Italian food that I cooked for him. He even became an expert in preparing the carbonara pasta which was one of his favorite dishes.

When I met Luke, he had nice six packs, and when we got divorced, thanks to me, Luke had a big belly instead![9]

REINCARNAZIONE

Una delle esperienze piú interessanti che ho fatto é stato il mio soggiorno a New York. Ho frequentato corsi di inglese all'Hunter college e mi sono goduta il soggiorno in quella splendida cittá. L'unica cosa che non mi piacque (non mi é piaciuta) di New York erano quei poveri cavalli costretti a trasportare avanti e indietro per le vie della cittá stupidi turisti, fino a quando cadevano a terra **stremati**. Ho sempre trovato crudele e disumana la pratica di far lavorare i cavalli cosí duramente per far divertire della gente stupida e insensibile e spero che questa pratica orribile finisca presto.[1]

Avevo affittato una stanza in un appartamento di Manhattan pagando **un sacco di** soldi ad uno *stronzo (cursing)* di napoletano che non aveva nessun rispetto per me e per le mie cose. La mia stanza non aveva serratura e quindi chiunque poteva entrare. Per questo motivo portavo tutto il mio **denaro contante** ed i miei gioielli con me quando lasciavo la stanza.[2]

In questa casa c'erano due grossi **cani mastini** di nome Churchill e Lalla. Lalla entrava sempre nella mia stanza e **si metteva a dormire** sul mio letto. Il problema é che Lalla **russava** e non mi lasciava dormire. Un giorno ho deciso di mettere una sedia contro la porta cosí Lalla non poteva entrare. Con mia sorpresa, la mattina trovai (ho trovato) Lalla che dormiva sul mio letto. Infatti il cane aveva letteralmente fatto un grosso buco nella porta di legno. **A questo punto ne avevo abbastanza** e mi **trasferii** (mi sono trasferita) in un altro appartamento.[3]

Essendo, New York estremamente **cara**, ho dovuto affittare una stanza in Brooklyn nell'appartamento di un **salvadoregno**. Dopo che mi sono trasferita lí ho scoperto che questo tizio dormiva **in terra** nel salotto e che io avevo affittato l'unica camera da letto dell'appartamento.[4]

Pedro non aveva mai denaro a sufficienza e la sua segreteria telefonica era piena di messaggi della sua ex moglie che **minacciava** di **denunciarlo alle autoritá** se non le pagava **gli alimenti**. Quando una telefonata andava nella segreteria telefonica potevo ascoltare quello che dicevano e i creditori arrabbiati che chiamavano erano estremamente numerosi. Curiosamente, questo tizio che non aveva mai i soldi per nulla, aveva sempre abbastanza soldi per comprare la marjiuana e la sangria.[5]

Passava le sue giornate a bere sangria e a fumare **spinelli** seduto alla finestra.

Da un po' di tempo avevo cominciato a sentirlo urlare di notte e mi svegliava. Quando andavo a vedere cosa succedeva mi diceva, dal suo **materasso gonfiabile** sul pavimento, che un topo gli correva addosso.[6]

Orrorizazata, mi chiudevo nella mia stanza, ma diventava difficile dormire perché Pedro, ormai gridava ogni notte svegliandomi continuamente. Quando gli proposi (gli ho proposto) di comprare del veleno per topi ed uccidere il topo si mise (si é messo) quasi a piangere mostrandomi una foto del Dalai Lama. Secondo Pedro, il topo poteva essere la reincarnazione di qualche essere umano e perció, disse (ha detto), non avrebbe mai potuto commettere un **omicidio**. Pedro era sicuro che le energie benefiche dell'universo avrebbero risolto il problema senza dover ricorrere alla violenza.[7]

Stanca di essere svegliata ogni notte dissi (ho detto) ad un **compagno di classe** del topo e della storia sulla reincarnazione. Il mio compagno di classe decise (ha deciso) di aiutarmi. Venne (é venuto) nel nostro piccolo appartamento in Brooklyn e **piazzó** (ha piazzato) diverse trappole per topi con del **burro di nocciolina**, in tutti gli **angoli** della casa. In meno di mezz'ora una delle trappole scattó (é scattata) uccidendo il topo. Il mio amico buttó (ha buttato) via il topo morto e raccolse (ha raccolto) tutte le trappole prima che Pedro tornasse a casa.[8]

Dopo alcuni **giorni di pace** vidi (ho visto) Pedro che fumava marjuana e beveva sangria vicino alla finestra e gli dissi (gli ho detto) che da un po' di notti non lo sentivo piú urlare.

Pedro mi sorrise (mi ha sorriso) e mi mostró (mi ha mostrato) la fotografia del Dalai Lama. Mi disse (mi ha detto) che aveva pregato e che le forze positive dell'universo avevano risposto alle sue preghiere allontanando il topo in modo pacifico e non violento dalla sua realtá.[9]

VOCABULARY

Stremati = Exausted
Un sacco di = A bunch of – "sacco" literally means "bag"; Italians use to say, "a bag of something" instead of saying "a bunch of" or "a lot of". It's just a common Italian expression.
Stronzo = It's cursing and means "asshole". Exists also the feminine version "stronza" that means "bitch".
Denaro contante = Cash. "Denaro" means "money" and "contante" means "cash".
Cani mastini = Mastiff dogs
Si metteva a dormire = He began to sleep. The verb "mettere" means "to put", but when the same verb is expressed at the reflexive form – like in this case – and followed by the preposition "a" plus the infinite form of another verb, it means "to begin to do something", In this case, since the verb at the infinitive form is "dormire" it means that "the dog began to sleep".
Russava = He was snoring. Past tense of the verb "russare", "to snore".
A questo punto ne avevo abbastanza = At this point I had enough
Mi trasferii = I moved. This verb is used at the reflexive form with the meaning of "moving to another place". It is at the Passato Remoto that is a Tense of the Past used particularly in the South of Italy.
Cara = Means "darling" if refers to a person, and "expensive" if refers to an object.
Spazientito = Someone who lost their patience
Salvadoregno = Citizen of El Salvador. In Italian the adjective referring to citizenship are not capitalized, i.e. americano, italiano, salvadoregno.
In terra = on the ground. "Terra" refers to the planet Earth, but it also means "the ground".
Minaccia = Present tense of the verb "minacciare" that means "to threaten".
Denunciarlo alle autoritá = Report him to the authority.
Gli alimenti = Alimony
Spinelli = Marjuana cigarettes, joints. The singular is "spinello".
Materasso gonfiabile = Inflatable mattress – "materasso" means "mattress" "gonfiabile" means "inflatable".
Omicidio = Murder

Compagno di classe = Classmate. Literally "Class companion".
Piazzó = Passato Remoto – Past Tense – of the verb "piazzare" that in this contest means "to set".
Burro di noccioline = Peanut butter. In Italian "noccioline" means "peanuts"; hilariously they call them also "noccioline americane", "American nuts", since Americans love them!
Scattó = Passato Remoto – Past Tense – of the verb "scattare", at the infinite form, that, means "to go off".
Giorni di pace = Peaceful days

REINCARNATION

One of the most interesting experience I had was my stay in New York. I attended English classes at the Hunter college and I enjoyed my stay in that beautiful city. The only thing I did not like about New York was those poor horses forced to carry stupid tourists back and forth through the streets of the city, until they fell to the ground exhausted. I have always found cruel and inhumane the practice of making the horses work so hard only to amuse some stupid and insensitive people, and I hope this horrible practice will end soon.1

I had rented a room in a Manhattan apartment by paying a lot of money to a Neapolitan asshole who had no respect for me and my belongings. My room had no lock, so anyone could enter. For this reason, I used to take all my cash and my jewels with me when I left the room.2

In this house there were two large dog mastiffs named Churchill and Lalla. Lalla always entered my room and went to sleep on my bed. The problem is that Lalla used to snore and did not let me sleep. One day I decided to put a chair against my door so, Lalla could not enter. To my surprise, in the morning, I found Lalla sleeping on my bed. In fact, the dog had literally made a big hole in the wooden door. At this point I had enough and moved to another apartment.3

Being extremely expensive living in New York city, I had to rent a room in Brooklyn in the apartment of a Salvadorean guy. After I moved there I discovered that this guy was sleeping on the floor in the living room, and that I had rented the only bedroom in the apartment.4

Pedro never had enough money and his answering machine was full of messages from his ex-wife who threatened to report him to the authority if he did not pay her the alimony. When a call went to the answering machine I could hear what they were saying and the angry creditors calling him were extremely numerous. Curiously, this guy who never had the money for nothing, always had enough money to buy marijuana and Sangria.[5]

He spent his days drinking Sangria and smoking *joints (slang)* sitting by the window.

At some point I started to hear him screaming at night, and he woke me up. When I went to see what was happening, he told me, from his inflatable mattress on the floor, that a rat was running over him.[6]

Disgusted, I locked myself in my room, but it became difficult to sleep because Pedro was screaming every night, constantly waking me up. When I proposed him to buy rat poison and kill the mouse, he almost cried, showing me a picture of the Dalai Lama. According to Pedro, the rat could have been the reincarnation of some human being and therefore, he said, he could never commit murder. Pedro was sure that the beneficial energies of the universe would had solved the problem without having to resort to violence.[7]

Tired of being woken up every night I told a classmate of the mouse and the story about the reincarnation. My classmate decided to help me. He came to our small apartment in Brooklyn and placed several mousetraps with peanut butter in every corner of the house. In less than half an hour one of the traps snapped off the mouse. My friend threw away the dead mouse and collected all the traps before Pedro returned home.[8]

After a few days of peace, I saw Pedro smoking marijuana and drinking Sangria by the window and told him that I had not heard him screaming for a while.

Pedro smiled at me and showed me the picture of the Dalai Lama. He told me that he had prayed, and that the positive forces of the universe had answered to his prayers, by removing the mouse peacefully, and non-violently, from his reality.[9]

PRESENZA DI DIO

Nella mia vita sono stata arrogante e ho sfidato Dio diverse volte chiedendo di mostrarmi segni di un'esistenza **ultraterrena**.1

La prima volta che ho chiesto un segno ero poco piú che adolescente ed una persona a me molto cara era appena deceduta. Mi trovavo nella vasca da bagno e ho chiesto che questa persona che amavo mi desse un segno, che poteva vedermi e sentirmi. Nel momento in cui ho formulato questa richiesta l'elettricitá é mancata e la casa é **piombata** nel **buio**. Mi sono **spaventata** e ho cominciato a urlare fino a che mio padre é venuto a bussare alla porta e a dirmi di non preoccuparmi, che avrebbe aggiustato il danno immediatamente.2

La seconda volta che ho chiesto un segno la mia pro-zia era appena morta ed io e le mie cugine ci trovavamo a casa sua per il funerale. Decidemmo (abbiamo deciso) di passare la notte a casa sua dove adesso un'altra zia viveva da sola. Dopo cena ci siamo sedute in salotto a guardare la televisione. Ad un certo punto abbiamo cominciato a parlare del senso dell'esistenza. In qualche modo ho chiesto un segno di nuovo:

- Zia, se mi puoi sentire, **facci capire** che sei qui! Per favore **dacci** un segno che puoi **sentirci**!3

Nell'istante in cui ho formulato quella richiesta l'elettricitá é venuta istantaneamente a mancare e ci siamo ritrovate tutte al buio. Io e le mie cugine **ci**

siamo messe a gridare. Mia zia allora é arrivata dalla cucina **reggendo** una candela e **dicendoci** che aveva acceso il forno e la lavatrice e che il sistema elettrico di quella vecchia casa non aveva retto. Ci siamo tranquillizzate ma le mie cugine mi hanno chiesto di non domandare piú segni.4

La terza e ultima volta che ho chiesto un segno mi trovavo in Inghilterra. Avevo affittato un appartamento in un **seminterrato** e la stretta finestrella del mio soggiorno dava sulla strada e potevo vedere i piedi della gente che camminava. Mi trovavo seduta sul divano con tutte le luci spente e solo la luce della luna piena, che entrava dalla mia finestrella, illuminava la stanza. Non so perché ma ho chiesto a Dio di darmi un segno della sua presenza:5

- Dio, questa volta non ci sono luci accese e solamente la luce della luna illumina il mio piccolo appartamento. Non puoi **spegnere** la luna! Se tu sei Dio e puoi sentirmi, provami che esisti! – esclamai

Improvvisamente tutta la luce era scomparsa dalla mia stanza e il mio appartamento era caduto nel buio piú completo. Non potevo crederci! Dio aveva oscurato la luna per provarmi la sua esistenza! **In preda al panico** mi precipitai (mi sono precipitata) fuori dalla stanza ed uscii (sono uscita) in strada.6

La luna era splendente. Mi sono avvicinata alla mia piccola finestra e un grosso gatto giallo si era sdraiato per terra bloccando la luce della luna e oscurando la mia stanza. Non avevo mai visto quel gatto e lo accarezzai mentre **faceva le fusa**. Dopo quella notte non ho piú visto quel gatto.7

Non ho mai piú chiesto segni. Adesso credo nell'esistenza di Dio e trovo assolutamente incredibile che Dio si sia degnato di mostrare la sua presenza ad un piccolo essere arrogante come ero io. Non ho piú bisogno di altri segni.[8]

VOCABULARY

Ultraterrena = Afterlife
Piombata = Dove. Past Tense of the verb "to dive".
Buio = Darkness intended only as absence of light. This word cannot be used to translate different concept of darkness. For example, "lord of darkness" would not make sense as "signore del buio", since buio only means that the light is off; the correct translation would be "signore delle tenebre".
Spaventata = Scared
Facci capire = Let us understand. "Facci" is Imperative Tense of the verb "fare" that means "to do. To make". It is a tense used to "command". It is used with the Indirect Pronoun "ci". In Italian the pronouns get attached at the end of infinitive and Imperative verbs. "Facci", means literally "let us" or "make us" depending by contest.
Dacci = Give us. "Dacci" is Imperative Tense of the verb "dare" that means "to give". It is a tense used to "command". It is used with the Indirect Pronoun "ci". In Italian the pronouns get attached at the end of infinitive and Imperative verbs. "Dacci", means literally "give us".
Sentirci = Hear us. "Sentire" means "to hear", then the pronoun "ci" that means "us" got attached to the end of the verb at the Infinitive form.
Ci siamo messe = We began to. The subject "noi" that means "we" is hidden, and "ci" in this case is the Reflexive Pronoun because this expression is used at the reflexive form. The Tense is Passato Prossimo. If you are a Grammar junk you should remember the rule that when a reflexive verb is conjugated at the Passato Prossimo, the auxiliary verb is always "to be" (not "to have").
Reggendo = Holding. This is the -ing form of the verb "reggere", that means "to hold".
Dicendoci = Telling us. This is the -ing form of the verb "dire", that means "to say" and that would be "dicendo", in addition to that the pronoun "ci", that means "us" is also added at the end of that form.
Seminterrato = Basement.
Spegnere = To turn off. This verb at the infinite form is only used for objects concerning electricity and fire such as candles, lighters or matches. It never refers

to people, like in English. The opposite verb "turn on" is "accendere" at the infinite form, and follows the same rules.

In preda al panico = In panic. Literally "in pray of the panic".

Faceva le fusa = Purred. This is what the cat does when he is happy, he purrs. In Italian this expression is more complicated and is expressed as "il gatto fa le fusa" at the present. Instead "il gatto faceva le fusa" is Past Tense and literally translates "the cat was purring".

PRESENCE OF GOD

In my life I have been arrogant, and I have challenged God several times asking to show me signs of an afterlife existence.1

The first time I asked for a sign I was little more than a teenager and a very dear person had just died. I was in the bathtub and I asked that, this person I loved give me a sign, that she could see me and hear me. The moment I made this request, the electricity went missing and the house fell into darkness. I got scared and started screaming until my father came knocking at the door telling me not to worry, that he would had fixed the damage immediately.2

The second time I asked for a sign my great-aunt had just died and my cousins and I were at her house for the funeral. We decided to spend the night at her house where, now, another aunt lived alone. After dinner we sat in the living room watching television. At a certain point we began to talk about the meaning of the existence. Somehow, I asked for a sign again:3

- Aunt, if you can hear me tell us that you're here! Please give us a sign that you can hear us!

The instant I made that request, the electricity went off and we all found ourselves in the dark. My cousins and I started screaming. My aunt then came from the kitchen holding a candle and telling us that she had turned on the oven and the washing machine, and that the electrical system of that old house had not held up. We calmed down, but my cousins asked me not to ask for signs anymore.4

The third and last time I asked for a sign I was in England. I had rented a flat in a basement and the narrow window of my living room faced the street and I could see the feet of the people walking. I was sitting on the couch with all the lights turned off, and only the full moonlight coming in through my window was lighting up the room. I don't know why but I asked God to give me a sign of his presence:[5]
- God, this time there are no lights on and only the moonlight illuminates my little apartment. You cannot turn off the moon! If you are God and you can hear me, prove me that you exist! I exclaimed

Suddenly all the light had disappeared from my room and my apartment had fallen into complete darkness. I could not believe it! God had obscured the moon to prove his existence to me! In panic, I rushed out of the room and went out into the street.[6]

The moon was shining. I approached my little window and a big orange cat was laying down on the ground, blocking the moonlight and obscuring my room. I had never seen that cat and I pet him while it purred. After that night I did not see that cat ever again.[7]

I never again asked for signs. Now I believe in the existence of God and I find it incredible that God has deigned to show his presence to a small arrogant being, as I was. I don't need any other signs.[8]

CRAIGSLIST

Dopo che mi sono trasferita ad Atlanta ho usato spesso Craigslist per trovare **tuttofare**, giardinieri ed elettricisti. Chiamare una compagnia é certamente piú costoso e cosí mi sono rivolta a Craigslist piú di una volta. Con il tempo ho imparato a riconoscere il **cialtrone** visto che su Craigslist ce ne sono molti. Per esempio un tuttofare che non guida un **camioncino** ma guida una macchina normale, probabilmente non é un tuttofare': é solamente qualcuno che si **improvvisa** per fare un po' di soldi. Una cosa tipica é anche il **tizio** che arriva in una macchina guidata da una donna perché, di solito, non ha **la patente**. Questa non é una persona molto responsabile di solito.[1]

Nella mia casa in Atlanta ho la fornace nel **solaio** e perció **mi tocca** pagare qualcuno per entrare nel **soffitto**, dalla piccola **botola**, ogni volta che devo cambiare il filtro **dell'aria condizionata**. L'ultima volta ho trovato un tizio su craigslist un po' **sovrappeso** che si é arrampicato **con grande fatica** per entrare nel soffitto e cambiare il filtro. Per fortuna che il mio **coinquilino** era in casa ed ha aiutato questo tizio a scendere dal soffitto perché stava per rompere tutti i fili elettrici con i piedi. Era talmente stanco che respirava a fatica e sembrava sul punto di avere **un infarto**. Nello scendere dalla scala ha anche rotto tutta l'entrata del soffitto e perció adesso dovró chiamare un altro tuttofare per **aggiustarla**.[2]

Ho pagato questo tizio giusto **per togliermelo di torno**. Ha continuato a telefonarmi regolarmente per chiedermi se avevo bisogno che mi cambiasse il filtro. Probabilmente voleva rompere qualcosa d'altro! Ho dovuto chiedergli esplicitamente di **smettere** di chiamarmi.3

Un'altra volta ho contattato un altro tizio di Craigslist perché avevo bisogno di cambiare una serratura. Il tizio é venuto, ha cambiato la serratura e se ne é andato. Non ho pagato molto peró non ho controllato la serratura, dando per scontato che un lavoro semplice come quello fosse stato fatto correttamente. Invece non si riusciva a **chiudere la porta a chiave**. Il mio coinquilino dopo aver esaminato la serratura si é messo a **ridere a crepapelle**; infatti la serratura era stata montata **sottosopra**.4

Dopo aver apportato delle migliorie in casa mi sono ritrovata con molto materiale inutilizzato. Perció ho pensato di riportarlo da Lowes'cosí da venire rimborsata. Il problema é che non avevo un camioncino e la mia macchina era troppo piccola per trasportare il materiale. Cosí ho messo un annuncio su craigslist, specificando chiaramente che cercavo qualcuno con un camioncino per trasportare il materiale. Mi ha chiamato un tizio che mi ha detto di avere il camioncino per trasportare il materiale, Invece si é presentato con una mercedes *nuova fiammante (slang)* e molto costosa. Quando ho visto la macchina mi sono *incazzata (cursing)*:5

- Mi avevi detto che avevi un camioncino! Come facciamo a trasportare questo materiale ingombrante su quellaMercedes?
- Non c'é problema! – mi apostrofó il tizio – posso legare il materiale sul tetto della mia Mercedes!
- Okay, e dove sono le corde?
- Non le ho! Puoi andare a comprarle?

A questo punto gli ho chiesto di andarsene ma il tizio si é rifiutato. Ha continuato a battere alla porta di casa dicendo che non aveva i soldi per la **benzina** per tornarsene a casa. Ho dovuto dargli 5 dollari per la benzina per togliermelo di torno. Perché qualcuno compra una macchina costosa quando non ha neppure i soldi per la benzina?6

Recentemente ho dovuto chiamare qualcuno per riparare il tetto perché l'acqua entrava nel solaio ogni volta che pioveva. Essendo le riparazioni al tetto molto costose sono stata molto contenta di trovare un tizio che mi chiedeva **una modica somma di denaro** per le riparazioni.

Il tizio in questione arrivó (é arrivato) sulla macchina guidata da una donna, il che é di solito un brutto segno dato che questi tizi non hanno la patente per qualche motivo. La cosa divertente é che il tizio non aveva nulla con sé, non una **scala** per salire sul tetto, non una **scatola degli attrezzi**, niente!7

Purtroppo lo avevo fatto entrare in casa mentre la sua ragazza aspettava in macchina. Appena ha visto la mia scala in casa l'ha presa per andare di fuori e salire sul tetto. Ma la scala era ovviamente troppo bassa per salire sul tetto. Lo avevo seguito di fuori decisa a **non perderlo di vista**. Mi domandavo come avrebbe fatto ad aggiustare il tetto senza nessun attrezzo; forse pensava di riparare il tetto usando i denti. Forse questo tizio in una vita precedente era stato un uccello perché ha letteralmente cercato di volare sul tetto.8

Questo tizio era piú alto e forte di me ed io ero sola in casa perció non potevo chiedergli di andarsene perché avrebbe potuto essere pericoloso farlo arrabbiare.

Allora gli dissi (gli ho detto) che avevo un'altra scala piú alta davanti alla casa cosí poteva fare il lavoro. Gli proposi (gli ho proposto) di andare a prendere la scala.

Appena il tizio uscí (é uscito) dalla mia porta d'entrata, io sono rientrata in casa di corsa e ho chiuso la porta a chiave. Allora il tizio si é messo a bussare alla porta ed io gli ho parlato dalla finestra:[9]

- Che palle sono quelle di aggiustare il tetto senza avere una scala e gli strumenti? Queste **sono palle**! – gli gridai

Allora il tizio cominció (ha cominciato) a gridarmi *"**vaffanculo**"(cursing)* mostrandomi il dito medio mentre se ne andava via sulla macchina guidata dalla sua ragazza. Mi domando spesso perché ci sono in giro tutte queste donne disperate che accompagnano in giro in macchina tutti questi ***deficienti*** *(cursing)*.[10]

VOCABULARY

Tuttofare = Handyman or, more in general, someone that, in a company, can do a little bit of everything.
Cialtrone = Charlatan. In Italian exists also the word "ciarlatano" that has the same meaning.
Camioncino = Truck. A large truck is called "camion", while "camioncino" is a pick-up truck.
Si improvvisa = He improvvisates. This verb is reflexive.
Un tizio = A guy
Patente = Driver Licence. It is short for "patente di guida", but nobody uses the long version that is very formal.
Solaio = Attic
Mi tocca = I have to
Soffitto = Ceiling
Botola = Small entrance to the attic through the ceiling.
Aria condizionata = Air Conditioning
Sovrappeso = Overweight. "un po'" is short for "un poco" that means "a little".
Coinquilino = Roommate
Infarto = Heart attack
Aggiustarla = To fix it. "Aggiustare" means "to fix" and "la" is the feminine, direct pronoun "it".
Per togliermelo di torno = To get rid of him
Smettere = To quit. This verb is used with the meaning of quitting an addiction or quitting to do something, but it is not used with the meaning of "quitting a job". In Italian "to quit a job" is expressed with the reflexive verb "licenziarsi".
Chiudere la porta a chiave = Lock the door. Literally "close the door with a key"; in Italian doesn't exist the verb "to lock "so that's why the sentence must be built that way.
Nuova fiammante = New brand car. This expression is used only referring to cars.
Incazzata = Mad. It is slang. This word isn't present in the Italian dictionary but Italians use this verb a lot. "Incazzarsi" means "to get mad".
Benzina = Gasoline, gas
Modica somma di denaro = Small amount of money

Scala = Ladder. If it is used at the plural "scale" has the meaning of "stairs".
Scatola degli attrezzi = Tools box
Non perderlo di vista = Don't loose sight of him

CRAIGSLIST

After I moved to Atlanta, I often used Craigslist to find handymen, gardeners and electricians. Calling a company is certainly more expensive, and so I turned to Craigslist more than once. Over time, I learned to recognize the charlatan, since there are many on Craigslist. For example, a handyman who does not drive a pickup truck but drives a normal car, probably is not a handyman, he is only someone who is giving it a try to make some cash. Typical, is also the guy who arrives in a car driven by a woman because he usually does not have a driver's license. This is not usually a very responsible person.[1]

In my house in Atlanta I have the furnace in the attic and therefore I must pay someone to get into the ceiling from the small hatch, every time I have to change the air conditioning filter. Last time, I found a guy who was slightly overweight, who climbed to get into the ceiling and change the filter with a great effort. Fortunately, my roommate was at home and helped this guy get off the ceiling because he was about to break all the electrical wires with his feet. He was so tired that he was breathing hard and seemed about to have a heart attack. In going down the ladder he also broke all the entrance in the ceiling, and therefore now I'll have to call another handyman to fix it.[2]

I paid this guy to get rid of him. He kept calling me regularly to ask if I needed the filter to be changed. He probably wanted to break something else! I had to explicitly ask him to stop calling me.[3]

Another time I contacted another Craigslist guy because I needed to change a lock. The guy came, he changed the lock and left. I did not pay a lot, but I did not check the lock, assuming that a simple job like that had been done correctly. Instead, you could not lock the door. My roommate, after examining the lock, started laughing out loud; in fact, the lock had been mounted upside down.[4]

After making improvements at home I found myself with a lot of unused material. So, I thought to bring it back to Lowes' to be reimbursed. The problem is that I did not have a pickup truck and my car was too small to transport the material. So, I put an AD on craigslist specifying clearly that I was looking for someone with a pickup truck to transport some material. A guy called to tell me he had the pickup truck to transport the material. Instead he showed up with a brand new, and very expensive Mercedes. When I saw the car, I got pissed off:[5]

- You told me you had a pickup truck! How do we transport this bulky material on that Mercedes?
- No problem! – he said - I can tie the material on the roof of my Mercedes!
- Okay, and where are the ropes?
- I do not have them! Can you go buy them?

At this point I asked him to leave but the guy refused. He kept knocking at the front door saying he did not have the money for gas to drive home. I had to give him $5 for gas to get rid of him. Why does someone buy an expensive car when he does not even have any money for gas?[6]

Recently I had to call someone to repair the roof because the water was leaking into the attic every time it rained. Since the roof repairs are very expensive I was very happy to find a guy who asked me for a modest sum for the repairs.

The guy in question arrived on a car driven by a woman, which is usually a bad sign, given that these guys do not have a driver license for some reason. The funny thing is that the guy was carrying nothing with him, not a ladder to get on the roof, not a toolbox, nothing![7]

Unfortunately, he was already inside my house while his girlfriend was waiting in the car. As soon as he saw my ladder inside the house he grabbed it to go outside to get on the roof. But the ladder was obviously too short to climb the roof. I had followed him outside to not lose sight of him. I wondered how he would have managed to fix the roof without any tools; perhaps he was thinking of repairing the roof using his teeth. Maybe this guy in a previous life had been a bird because he tried repeatedly to fly on the roof.[8]

This guy was taller and stronger than me and I was alone in the house, so I could not ask him to leave because it could have been dangerous to make him angry. Then, I told him that I had another taller ladder in front of the house, so he could do the job. I suggested we go get the ladder. As soon as the guy came out of my front door, I run back into the house fast and locked the front door. Then the guy knocked at the door and I spoke to him through the window:[9]

- What kind of bullshits are those to fix the roof without having no ladder and no tools? Those are bullshits! - I shouted to him

Then the guy started shouting back "fuck you" at me showing me his middle finger as he left on the car driven by his girlfriend. I often wonder why there are around all these desperate women who drive all these idiots around.[10]

LENTI A CONTATTO

Qualche anno fa ho trovato **un tizio** su qualche chat su internet e abbiamo deciso di incontrarci. Abbiamo parlato al telefono per alcune settimane e sembrava un uomo interessante. Mi ha parlato dei suoi guai economici e del fatto che si ritrovava **al verde**, *(slang)* peró era interessato a conoscermi. Penso che inconsciamente sapevo che quel tizio non era da incontrare peró per tutte **le palle** che avevo sentito dire sul fatto che le donne sono approfittatrici, mi sono fatta influenzare e ho deciso di incontrare **il cretino** *(cursing)*. Quando un uomo é **in bolletta** *(slang)* incontrare donne dovrebbe essere la sua ultima preoccupazione e sistemare la situazione finanziaria dovrebbe essere piú importante.[1]

Non ricordo il nome di questo tizio ma lo posso chiamare Sam. Sam mi disse (ha detto) che non poteva permettersi di **portarmi fuori** e cosí decidemmo (abbiamo deciso) che, per il primo **appuntamento**, sarebbe venuto a cena a casa mia. Ammetto che non é stata un'idea brillante invitare a casa un uomo che non conoscevo peró mi sono assicurata che il mio coinquilino fosse in casa e di avere sotto mano una **bomboletta** di pepper spray, giusto per stare tranquilla.[2]

Quando Sam é arrivato avevo appena finito di cucinare e ci siamo seduti a bere un po' di vino. Sam stava bevendo decisamente troppo vino e gli dissi (gli ho detto) **scherzosamente** di non **ubriacarsi**.[3]

Abbiamo parlato di cose superficiali e ad un certo punto Sam mi chiese (mi ha chiesto) se portavo le lenti a contatto. "Sí" risposi "e tu?" chiesi (ho chiesto). Lui disse (ha detto) che anche lui portava le lenti a contatto e mi chiese (mi ha chiesto) quante diottrie mi mancassero. Ci rendemmo conto (ci siamo resi conto) con sorpresa che ci mancavano le stesse **diottrie**! "Non é favoloso?" disse (ha detto) Sam ridendo, "cosí ci possiamo prestare le lenti a contatto!". Finimmo (siamo finiti) a parlare del fatto che le lenti a contatto sono costose. Allora, dissi (ho detto) a Sam che era vero, infatti avevo appena comprato una fornitura di lenti a contatto per un anno e avevo **speso un capitale**![4]

Dopo la cena cominciammo (abbiamo cominciato) a chiacchierare e dopo un po' fu chiaro che Sam era convinto che avremmo dormito insieme. Quando gli dissi (gli ho detto) che non avevo intenzione di dormire con lui almeno fino a che non lo conoscevo meglio, Sam, che era **mezzo ubriaco**, cominció (ha cominciato) ad arrabbiarsi e ad **alzare la voce**.

Allora gli misi (gli ho messo) la bomboletta di pepper spray sotto il naso e gli dissi (gli ho detto) che il mio coinquilino era nella sua stanza e che bastava che gridassi perché si precipitasse fuori.[5]

Allora Sam si é calmato e mi ha detto che aveva bisogno di usare il bagno prima di andarsene. Aspettai (ho aspettato) Sam fuori dal bagno e quando uscí (é uscito) se ne andó (se ne é andato) senza neppure salutare e **sbattendo la porta**.[6]

Quando sono andata nel bagno mi sono resa conto che la mia fornitura di lenti a contatto era sparita! Sam mi aveva rubato le lenti a contatto! Incredibile! Decisamente il fatto che una donna deve essere compassionevole e uscire anche con i tipi *in bolletta (slang)* sono palle![7]

Durante i giorni successivi ho ricevuto un sacco di messaggi pieni di insulti di ogni genere da parte di Sam e ha smesso solamente dopo che ho risposto ai suoi **sms** dicendo che lo avrei riportato alla polizia per molestie. Questa esperienza ***del cavolo*** *(slang)* mi ha insegnato che é meglio stare da sola piuttosto che uscire con ***uno sfigato*** *(slang)*.[8]

VOCABULARY

Un tizio = A guy. It is used also to describe a woman by using the feminine version "tizia".
Al verde = Broke. This is slang. "To be broke" translates in Italian "Essere al verde". Literally, this expression means "To be on the green". Eventually, in Italy the green color doesn't represent money, like it does in America.
Cretino = Idiot. The feminine version is "cretina".
In bolletta = Broke. This is slang too. "To be broke" translates in Italian "Essere in bolletta". Literally, this expression means "To be on the bill". Eventually, referring to the fact that who doesn't have money cannot pay, and so cannot get rid of their bills "bollette" at the plural. Remember that the bill of the restaurant is called "conto" instead, and the receipt you get at the cash register of a store is called "scontrino".
Portarmi fuori = Go out on a date. Literally "Bring me out"
Appuntamento = In Italian does not exist the word "date", so they simply use the word "appointment". The meaning is understood by the contest.
Bomboletta = spray Can. A can of beans or other food instead is called "latta".
Scherzosamente = Say or do something not for real, more like "teasing". This is an adverb and it means "jokingly".
Ubriacarsi = Getting drunk
Diottrie = Diopters
Speso un capitale = Spent a fortune. Literally "spent a capital".
Mezzo ubriaco = Half drunk
Alzare la voce = Raise the voice
Sbattendo la porta = Slamming the door. "sbattere" means "to slam". The -ing form of the Gerund in Italian is made up by adding the ending -ando to the are-verbs and by adding -endo to the ere and ire-verbs.
Sms = Text messages. This is an acronym that stands for "short messages system" and is used in many European countries.
Un cavolo = A cabbage. This is slang. The word "cavolo" that means "cabbage" is used in expression of the kind "he doesn't understand a cabbage", "She doesn't do a cabbage" and so on. The word "cavolo" substitute the word "nothing".
Sfigato = Loser. The feminine form exists and sounds like "sfigata".

CONTACT LENSES

A few years ago, I found a guy on some internet chats and we decided to meet. We talked on the phone for a few weeks and he looked like an interesting man. He told me about his economic troubles and that he was broke but he was interested in meeting me. I think that unconsciously, I knew that the guy was not to be met but because of all the bullshits that I have heard about the fact that women are gold diggers, I got influenced and I decided to meet the idiot. When a man is broke, meeting women should be his last concern, and settling his financial situation should be more important.[1]

I do not remember the name of this guy, but I can call him Sam. Sam told me he could not afford to take me out, so we decided that for the first date he would have come to my house for dinner. I admit it was not a brilliant idea to invite a man I didn't know at home, but I made sure my roommate was at home and had a pepper spray can at hand, just for peace of mind.[2]

When Sam arrived, I had just finished cooking and we sat down to drink some wine. Sam was drinking too much wine and I jokingly told him not to get drunk.[3] We talked about superficial things and, at some point Sam asked me if I was wearing contact lenses. "Yes," I replied, "and you?" I asked. He said that he also wore contact lenses and asked me how many diopters I was missing. We realized with surprise that we lacked the same diopters! "Isn't it fabulous?" Sam said, laughing, "so we can lend contact lenses to each other's!" We ended up talking about the fact that contact lenses are expensive. I told Sam that that was true, in fact I had just bought a contact lens supply for a year, and I had spent a fortune![4]

After dinner we began to chat and, after a while, it was clear that Sam was convinced that we would have slept together. When I told him, I was not going to sleep with him, at least until I knew him better, Sam, who was half drunk, began getting angry and raising his voice.

So, I put the can of pepper spray under his nose and told him that my roommate was in his room and that I just had to scream for him to rush out.[5]

Sam calmed down and told me he needed to use the bathroom before leaving. I waited for Sam out of the bathroom and he left without saying goodbye and he slammed the door.[6]

When I went to the bathroom I realized that my contact lens supply was gone! Sam had stolen my contact lenses! Unbelievable! The fact that a woman must be compassionate and go out even with broken guys, are bullshits![7]

During the following days I received a lot of messages full of insults of all kinds from Sam and he stopped only after I answered his texts saying that I would have reported him to the police for harassment. This poor experience has taught me that it it's better being alone rather than dating with a loser.[8]

BABBO NATALE

Io sono **figlia unica** e fin da quando ero molto piccola ho sempre desiderato avere un **fratellino** con cui giocare. Il fatto é che ero stanca di giocare da sola ed ero decisa a fare tutto ció che potevo per cambiare le cose.1

Ho cominciato a scrivere ogni anno, pazientemente, letterine a Babbo Natale per chiedere cosa desideravo ricevere come dono per Natale, secondo la tradizione italiana. Il mio desiderio era sempre lo stesso: volevo un fratellino o una sorellina con cui giocare.2

All'inizio ero molto ottimista e fiduciosa ed ero sicura che se scrivevo delle lettere sincere in cui spiegavo a **Babbo Natale** quanto avrei amato e protetto il mio nuovo fratellino, Babbo Natale avrebbe esaudito il mio desiderio.

Anno dopo anno spendevo ore a trovare le parole giuste per esprimere a Babbo Natale il mio grande desiderio di avere un fratellino o una sorellina ed ogni volta, con mio disappunto, ricevevo da Babbo Natale solo **pigiamini colorati**, **biciclettine** e giocattoli, tutte cose a cui non ero interessata.3

I miei genitori notarono (hanno notato) la mia frustrazione e, probabilmente perché non volevano avere altri figli, mi dissero (mi hanno detto) che Babbo Natale mi avrebbe portato solo giocattoli e non fratellini. Al che mi arrabbiai (mi sono arrabbiata) molto e dissi (ho detto) che non sarei piú andata a visitare la famiglia per Natale e che addirittura non volevo piú festeggiare il Natale. Allora i miei genitori mi hanno detto che Babbo Natale mi avrebbe portato un fratellino se continuavo a scrivergli.4

Secondo la tradizione italiana, scrivevo lunghe lettere a Babbo Natale in cui spiegavo perché volevo un fratellino e perché me lo meritavo e poi portavo la mia lettera in chiesa dove c'erano anche le lettere degli altri bambini che gli angeli avrebbero consegnato a Babbo Natale.5

Dopo l'ennesimo Natale in cui non ricevevo il fratellino cominciai (ho cominciato) a odiare Babbo Natale e a dire che era uno **stronzo** *(cursing)*! Anche a scuola avevo cominciato a dire agli atri bambini quanto era cattivo Babbo Natale a ricevere tutte quelle lettere da me anno dopo anno e a non esaudire mai il mio desiderio. Avevo convinto altri bambini del fatto che Babbo Natale fosse cattivo e cosí la scuola contattó (ha contattato) i miei genitori.6

A questo punto i miei genitori (decisero) hanno deciso di parlarmi:

- Perché vai in giro dicendo che Babbo Natale é cattivo? – mi chiese (mi ha chiesto) mio padre
- **Stai scherzando?** – gli risposi (gli ho risposto) – é da quando avevo cinque anni che gli chiedo un fratellino, e adesso ho otto anni e ancora non mi ha dato quello che voglio! Babbo Natale **mi prende in giro!** – singhiozzai (ho singhiozzato)

I miei genitori si guardarono (si sono guardati) l'un l'altro senza sapere bene cosa fare. Poi mia madre mi disse (mi ha detto):7

- Sei abbastanza grande da sapere che Babbo Natale non esiste…

Nessuno disse (ha detto) nulla, io guardavo i miei genitori esterrefatta

- É vero? – chiesi
- Sí – disse mio padre – ecco perché non ti porta il fratellino
- Ma allora chi mi portava i giocattoli?
- Eravamo io e la mamma – disse mio padre 8

A quel punto mi sentivo tradita

- Come avete potuto tu e la mamma mentirmi per tutti questi anni? – gridai (ho gridato)
Voi sapevate che Babbo Natale era un'invenzione e non me lo avete mai detto? Perché mi avete mentito cosí?

Con le lacrime agli occhi corsi (sono corsa) nella mia stanza. Da quel momento in poi né io né i miei genitori abbiamo piú nominato Babbo Natale.9

VOCABULARY

Figlia unica = Only child

Fratellino = Little brother. "fratello" means "brother". Adding the ending -ino to a masculine noun incorporate the adjective "small" into the noun. For example, "tavolo" means "table", instead "tavolino" means "small table". These grammatical constructions are used only with nouns (not with adjectives) and are called "vezzeggiativi".

Babbo Natale = Santa Claus. The word "babbo" means "daddy" in the Tuscany dialect. In fact, in other parts of Italy is common the version "Papá Natale", "papá" is the Italian word for "daddy". The word "Natale" instead means "Christmas". Wishing "merry Christmas" in Italian is "buon Natale".

Pigiamini colorati = Colored small pajamas. Here is the same Vezzeggiativo form explained above referring to the masculine word "pajama" that means "pajama".

Biciclettine = Small Bicycles. Here is the same Vezzeggiativo form explained above referring to the feminine word "bicicletta".

Stronzo = Asshole, jerk. It is cursing. Feminine form is "stronza".

Stai scherzando? = Are you kidding? The verb is "scherzare" at the infinite form. that means "to joke".

Mi prende in giro = He mocks me. The expression "prendere in giro", that literally translated means "to take around" is used with the meaning of "mocking someone".

SANTA CLAUS

I am an only child and since I was very young I have always wanted to have a little brother to play with. The fact is that I was tired of playing alone and I was determined to do everything I could to change things.1

I began to write letters every year to Santa Claus asking what I wanted to receive as a gift for Christmas, according to Italian tradition. My desire was always the same: I wanted a little brother or a little sister to play with.2

At the beginning I was very optimistic and confident, and I was sure that if I wrote sincere letters in which I explained to Santa how much I would have loved and protected my new little brother, Santa Claus would have granted my wish.

Year after year, I spent hours finding the right words to express to Santa Claus my great desire to have a little brother or sister, and every time, with my disappointment, I received from Santa Claus only colored pajamas, bicycles and toys; all things that did not interested me.3

My parents noticed my frustration and, probably because they did not want to have other children, they told me that Santa Claus would have brought me only toys and not little brothers. To which I got very angry and said that I would not go to visit the family for Christmas and that I did not even want to celebrate Christmas anymore. Then, my parents told me that Santa would have brought me a little brother if I kept writing to him.4

According to Italian tradition, I wrote long letters to Santa Claus in which I explained why I wanted a little brother and why I deserved it, and then I brought my letter to the church where there were also the letters of the other children, that the angels would have delivered to Santa.[5]

After many Christmas without getting my little brother I began to hate Santa Claus and to say that he was an asshole! Even at school I had begun to tell other children how bad Santa Claus was to receive all those letters from me, year after year, and never to grant my wish. I had convinced other children that Santa was bad and so the school contacted my parents. At this point my parents decided to talk to me:[6]

- Why are you walking around saying that Santa is bad? - my father asked me

-Are you kidding? - I replied — it's since I was five that I am asking him for a little brother, and now I'm eight years old and he still has not given me what I want! Santa makes fun of me! - I sobbed

My parents looked at each other without knowing what to do. Then my mother told me:[7]

- You're old enough to know that Santa does not exist ...

Nobody said anything, I looked at my parents in amazement

- Is it true? I asked

"Yes," said my father, "that's why he does not bring you a little brother."

- But then who brought me the toys?

"It was me and your mother," my father said [8]

At that point I felt betrayed

- How could you and mum lie to me for all these years? - I shouted

Did you know that Santa Claus was an invention and you never told me? Why did you lie to me like that?

With tears in my eyes I ran into my room. From that moment on, neither I nor my parents have ever named Santa Claus again.[9]

INDICE

Introduzione — 1

Disclaimers — 2

Carlos — 3

La Gatta Morgana — 11

Matrimonio di Convenienza — 18

Darla — 28

Il Prete — 35

É nata una Piattola — 40

Luke — 48

Reincarnazione — 55

Presenza di Dio — 63

Craigslist — 70

Lenti a Contatto — 79

Babbo Natale — 85

Made in United States
North Haven, CT
31 January 2024

48155816R00057